NORMANDIE

sehen & erleben

NORMANDIE

Fotografie: Heinz Wohner
Text: Hermann Schreiber

Südwest

Inhalt

Die Aufnahmen der Inhaltsseiten zeigen im Uhrzeigersinn Maler am Vieux Bassin in Honfleur (oben), das Meer bei Etretat, Château Flamanville, das Haus des Malers Claude Monet in Giverny und einen Korb mit frischen Meeresfrüchten.

Die Abbildung auf Seite eins zeigt einen Stuhlflechter in Marcy, auf Seite zwei ist die Nez de Jobourg zu sehen.

*Im Dorf Marcy bei
Bayeux wird die Vergangenheit mit traditionellem Handwerk und den
überlieferten Trachten
lebendig, wenn die Bewohner die Fête du Moulin de Marcy feiern.*

*Im Süden des Badeortes
Yport, an der Kanalküste
der Normandie, liegt der
kleine Ort Vancottes-sur-
Mer in einer von Steilfelsen eingerahmten Bucht.*

7

*Die hölzerne Landungs-
brücke im ehemaligen
Fischerhafen Courseulles-
sur-Mer, der heute
für seine Austernzucht
bekannt ist.*

*Vorhergehende
Doppelseite:
Blick auf den Vieux Port,
den Alten Hafen, von
Honfleur an der Côte
Fleurie, der als schönster
in der Normandie gilt.
Wegen seiner besonderen
Atmosphäre machten
Maler und Literaten im
19. Jahrhundert Honfleur
zu ihrem Treffpunkt.*

*Am Strand von Veules-
les-Roses flattern die
Wimpel, die zur Markie-
rung der Netze dienen,
im Wind. Der Badeort
liegt im Tal der Veules,
des kürzesten Flusses
Frankreichs, der bereits
einen Kilometer nach der
Quelle ins Meer mündet.*

Die Normandie – Wikingerland

Sie ist das stillste und auch unscheinbarste Flüßchen der Normandie, die schmale Epte, zwischen ihren üppig bewachsenen Ufern, unter weitausladenden Weiden streckenweise kaum zu erkennen, langsam fließend, beinahe stehend, zeitlos, stumm und doch voller Geschichten. Denn sie ist nicht nur räumlich der Anfang des normannischen Landes, wenn man von Paris kommt und nach Westen weiterfährt, sondern sie hat auch im Jahr 911 die Geburtsstunde des Herzogtums Normandie erlebt, als König Karl III. in Saint-Clair-sur-Epte den Wikinger Rollo zum Lehnsmann machte.

Der kleine alte Ort Saint-Clair-sur-Epte liegt etwa auf halbem Weg zwischen Paris und Rouen, dort, wo die gerade nach Westnordwest verlaufende alte Heer- und Handelsstraße von Pontoise nach Rouen die Epte überschreitet. Er ist ein Brückenort, ein Grenzort seit 911, der Geburtsort des Herzogtums Normandie und der französischen Wikinger, die sich 250 Jahre später noch England erobern werden.

Der Beginn einer neuen Ära

Der Vorgang, an den man sich heute in der Normandie wieder genauer und häufiger erinnert als noch vor 50 Jahren, verdient ein paar Sätze, denn jenes Jahr 911 wurde dadurch zu einem Jahr der Wende. Nach gut 200 Jahren, in denen Nord- und Westeuropa den schnellen Raubflotten der Wikinger beinahe hilflos ausgeliefert gewesen waren, hatte der Sachse Graf Odo von Paris die ersten erfolgreichen Abwehrkämpfe gegen die Wikinger geliefert; Odos Sohn Robert hatte sie bei Chartres vernichtend geschlagen, und beide Lager suchten nach einer dauerhaften Lösung, um Kriege und Krisen zukünftig auszuschließen.

Man fand sie darin, daß man dem Mann, der ganz Westfrankreich verheert hatte, Land in Küstennähe anbot, in dem er herr-schen und Steuern erheben dürfe und das er gegen möglicherweise nachkommende Wikingerscharen verteidigen sollte.

Rollo war zum erstenmal nach acht Jahren Kämpfen geschlagen worden, er war kriegsmüde und wünschte sich Land, weil es für seine Sippe und ihre Verbündeten in der norwegischen Heimat nicht ausgereicht hatte. Man verhandelte, weil das flandrische Land, die meernahen Sümpfe, Rollo nicht zusagten, die Felsenfestung der Bretagne wiederum Robert nicht hergeben wollte, denn sie schützte sein Land an der Loire. So blieb nur das Gebiet zwischen dem Flüßchen Epte und dem Meer. Geiseln wurden gestellt, freies Geleit zugesichert und im Beisein des Bischofs Witto von Rouen ein komplizierter Vertrag geschlossen. Für die Wikinger galten nämlich nur verwandtschaftliche Bande, nicht aber Pergamente und Siegel; ehe man dem wilden Rollo aber eine Karolingerprinzessin zur Frau geben konnte, mußte er zum Christentum übertreten – man sieht: Ein Ereignis, eine Wende, der Beginn einer neuen Ära.

Die Königstochter Gisla, die ausgewählt wurde, kann, als sie 912 zum Altar ging, höchstens 14 Jahre alt gewesen sein, Rollo hingegen hatte bereits ein Alter von 66 Jahren. Was er mit seiner ersten Frau, einer Tochter des Grafen von Bayeux, gemacht hatte, um diese zweite, nun christliche Ehe eingehen zu können, ist unbekannt.

Ein legendärer Fußkuß

Wenn Rollo auch Herzog wurde, die Normandie ein erbliches Lehen, so störte es die bis zur Niederlage von Chartres am 20. Juli 911 siegreichen Wikinger doch, daß nun ein König über sie gebieten sollte, und so erfanden sie die Geschichte vom Fußkuß: König Karl III. habe ihn von Rollo verlangt, und dieser soll einem seiner Grafen befohlen haben, der Fußkuß an seiner Stelle zu

Das Schloß von Eu wurde im 16. Jahrhundert aus Natursteinen und Ziegeln errichtet. Im Château hat heute das Musée Louis-Philippe, benannt nach dem »Bürgerkönig«, seinen Sitz.

Die schneeweißen Kreidefelsen, die an der Alabasterküste steil zum Meer abfallen, sind ein Wahrzeichen der Normandie.

Rechte Seite: Der Strand von Sotte-ville-sur-Mer an der Küste des Pays de Caux. Hier kann man bei Ebbe zwischen den Felsbrocken spazieren-gehen.

vollziehen. Dieser Graf jedoch habe sich nicht gebeugt, sondern den königlichen Fuß zu sich emporgerissen, so daß Karl III. dabei nach hinten gefallen sei. Wie es wirklich zuging, wird man wohl nie erfahren.

Aus allem, was über den Vertrag von 911 bekannt ist, wird klar, daß die Normandie zu diesem Zeitpunkt von den Wikingern bereits erobert war. Die Krieger ließen im Land alles beim alten, sogar die kirchlichen Autoritäten blieben, als einzig vorhandene, im wesentlichen ungekränkt, denn es ging den Siegern aus Dänemark (oder Norwegen?) eigentlich nur um die Erträge aus den Landgütern. Das Bauernland Normandie hatte neue Herren erhalten, eine zahlenmäßig nicht sehr bedeutende Oberschicht, die dem Land den Namen gab: Die Nord-männer regierten die Normandie, und Frankreich begann sie zu verwandeln ...

Es mag die Versöhnung zwischen Franken und Nordmännern erleichtert haben, daß Graf Odo und sein Sohn Robert durch Jahr-zehnte die Wikinger als tapfere und mann-hafte Gegner kennengelernt hatten. Man verspürte beinahe eine Art Erleichterung in dem Entschluß Roberts, als Taufpate für Rollo aufzutreten, als der in Rouen durch die Taufe Christ wird. Zwei mutige Männer entdecken Gemeinsamkeiten nach dem Ab-treten der Merowinger, deren Ära von zahl-reichen Untaten gekennzeichnet war; es entsteht buchstäblich ein neues Frankreich.

Es scheint, daß schon so mancher norman-nische Herr zum Christentum übergetreten war, als sich Rollo zu diesem Schritt ent-schloß. Das Heidentum der Dänen und Norweger, eine skandinavische Meeresreli-gion der Naturgötter, hatte sich bereits überlebt, als sie ihre kalte und neblige Heimat verließen. Der fruchtbare Boden der Normandie mit seinen reichen Ernten brachte ihnen vielleicht auch eine mildere Weltsicht. Und die Kultur aus Römerzeiten, wie sie in den Zentren zwischen Epte und dem Meer weiterlebte, tat ein übriges, die bärtigen Männer aus dem Norden zu be-sänftigen, da sie nun alles hatten, wofür sie beziehungsweise ihre Väter und Großväter einst ausgezogen waren.

Was blieb, war ein Bereich, der über den militärischen Erfolgen der Wikinger oft vergessen wird: der Fernhandel. Zwischen West- und Nordeuropa bestanden seit Jahr-hunderten sehr enge wirtschaftliche Bezie-hungen, daran hatten verschiedene Raub-züge auf Handelsplätze wie zum Beispiel im Jahr 842 auf Quentowiek oder das nieder-ländische Dorestad nichts geändert. Von dieser Orientierung auf das Meer profitierte nun die Normandie, dank der Aussöhnung mit dem Hinterland und dem Zugang zu dessen großen Märkten und Messen.

Berühmte Wikinger

Es war eine glückliche Verbindung, die von den Wikingern mit dem Lehensvertrag an der Epte eingegangen wurde.

In einem Land, in dem das Keltentum noch nachwirkte, in dem die Römer feste Strukturen geschaffen hatten und schließlich das Christentum ein Wertesystem vorgab, entstand eine Symbiose aus Kraft, Geist und Traditionen.

Und damit war man nicht nur dem sächsischen England überlegen, das nach der Eroberung an Europa angeschlossen wurde, sondern den Wikingern entstammte auch die einzigartige Sippe des Tancred von Hauteville, die von der Cotentin-Halbinsel bis ins Mittelmeer ausgriff und mit Robert Guiscard Sizilien, Apulien und das heutige Albanien zu Normannenländern machte. Nach Rollo und dem aus einer von Karl dem Großen verpflanzten Sachsensippe stammenden Herzog Robert finden wir Wilhelm den Eroberer: Als er 1087 starb, hatte er nicht nur England unterworfen, sondern sich auch mit dem Domesday Book, einem Grundbuch für 34 englische Grafschaften, als der erste Verwaltungstechniker im modernen Sinne unter den Königen des Mittelalters erwiesen.

Es ist schon so, daß jenes auf seine Höhe zustrebende Mittelalter Großartiges hervorgebracht hat, das man vor allem in der Normandie bis heute betrachten und nacherleben kann. Geniale Phantasten wie Robert Guiscard, Weisheitslehrer auf dem Thron wie Roger II. von Sizilien, Enthusiasten britisch-französischer Gemeinsamkeiten wie der zu beiden Seiten des Kanals herrschende Heinrich II. Plantagenet, Enkel Wilhelms des Eroberers, und viele andere aus diesen wilden und schicksalhaften Familien- und Erbverbindungen würden in ihrer Abenteuerlichkeit Romane füllen.

Ich meine, wenn man die Normandie besucht, ist es noch heute spürbar, daß man in ein Land märchenhafter Großtaten hineinfährt, in ein Land, dessen Klöster und Kathedralen so großartig waren, daß wir ihre Ruinen nicht wiederherzustellen wagen.

*Eine Sehenswürdigkeit von Varenge-
ville-sur-Mer ist der Parc Floral
le Bois des Moutiers mit seinen
gepflegten Rabatten.*

*Die typisch normannischen Häuser
bestehen aus Steinquadern und
sind mit Schiefer gedeckt (hier in
der Nähe von Cap de la Hague).*

Frankreich und England

Wir leben seit gut vier Jahrzehnten in der Vorstellung, daß Frankreich zu keinem anderen Land so enge Beziehungen unterhalte wie zu Deutschland, daß es sogar eine schicksalhafte Verbundenheit über den Rhein hinweg gebe, die nicht erst General Charles de Gaulle und Konrad Adenauer begründeten. Darüber gerät oft in Vergessenheit, daß weite Teile Frankreichs lange Zeit mit England ein Reich bildeten. Das begann 1066 mit dem Sieg Wilhelms des Eroberers über die Sachsen bei Hastings und wurde zur Institution durch seine Krönung zu Wilhelm I., König von England. Dieses gemeinsame Reich zerfiel 1259, als Heinrich III. von England die Normandie an Ludwig den Heiligen, König von Frankreich, abtrat. Die 200 Jahre dieser Zusammengehörigkeit erscheinen in der Gesamtgeschichte von Westeuropa nur als eine kurze Spanne, waren aber trotzdem von großer Bedeutung. Die französische Kultur brachte dem sächsi-

schen England den Anschluß an den Kontinent, einen mächtigen Kulturschub, der deutlich wird im Vergleich mit der Entwicklung in Schottland, das davon nicht betroffen war. Frankreich aber, bis dahin eine um den Raum Paris konzentrierte Kontinentalmacht, bekam durch den Zusammenschluß die entscheidende Öffnung zum Meer, zu den Weltmeeren und zum Welthandel, weil die Normandie mit guten Römerstraßen und leistungsfähigen Hafenorten, durch die Seine als Schiffahrtsweg und das flache Land eine Verbindung schaffen konnte, die in der entlegenen und wilden Bretagne erst sehr viel später verwirklicht wurde.

Frankreich honorierte den normannischen Sonderstatus auch nach der Eroberung des Landes: Der Adel der Normandie behielt das Recht, in der Schiffahrt, im Fernhandel und in der Großfischerei tätig zu sein, Erwerbsformen, die dem Adel des übrigen Frankreich verschlossen blieben. Die Normandie durfte ihre Rechtsstruktur, Gerichtsbarkeit und Landesverfassung behalten, festgelegt im Freiheitsbrief von 1313; der Thronfolger Frankreichs führte den Titel eines Herzogs der Normandie.

Diese Charta besiegelte die Tatsache, daß Frankreich sich die Normandie zwar angeschlossen, eine Assimilation aber nicht stattgefunden hatte. Normannische Angelegenheiten wurden in Rouen verhandelt und entschieden, in allen Verwaltungsgremien der Normandie saßen nahezu ausschließlich einheimische Würdenträger. Das erklärt auch, warum der sogenannte Hundertjährige Krieg (1339–1453) keine Befreiungsbewegung in der Normandie auslöste, im Gegenteil: Dem britischen Angriff war ein in Rouen gefaßter Beschluß vorangegangen, abermals England von Frankreich aus zu erobern.

Normannen waren sie geblieben, und der Ärmelkanal schreckte sie nicht, aber sie handelten nun als französische Patrioten, und wer heute nach Rouen kommt, wird die alte Stadt des Erzbischofs Witton als Gedenkstätte für die Jungfrau von Orléans vorfinden, die Freiheitsheldin der Franzosen, die im Auftrag der britischen Besatzungsmacht in einem Schauprozeß zum Tode verurteilt und verbrannt wurde.

Nach dem Hundertjährigen Krieg teilte die Normandie das Schicksal von ganz Frankreich, anders als die exponierte Bretagne, die immer wieder Schauplatz von einzelnen, allerdings vergeblichen Invasionsversuchen wurde. Mit dem Reichtum des normannischen Bauernlandes bewahrheitete sich die Behauptung, daß es der Hunger ist, der Revolutionen macht: Nicht einmal gegen die blutigen Übergriffe der Jakobiner erhob sich die Normandie.

Nach Jahrhunderten, in denen Seefahrer, Kaperkapitäne, Fischer und Bauern ihrem König gefolgt waren, kam mit dem Zweiten Weltkrieg und der Invasion vom Juni 1944 mehr Unheil über diese Provinz, als es jedes andere Gebiet Frankreichs erlebt hatte.

Der Zweite Weltkrieg

Das Hauptquartier des deutschen Generals Rommel lag an der Seine, in La Roche Guyon. Die alliierten Truppen kämpften sich von den Küsten landeinwärts bis zum Höhepunkt der Normandieschlachten in der sogenannten Tasche von Falaise.

Fast alle alten Stadtkerne der Normandie sind vernichtet, auch behutsamer und verständnisvoller Neuaufbau vermag die Ausstrahlung der in Jahrhunderten gewachsenen Gassen, Plätze und Fassaden nicht wiederzubringen. Aber man sollte sich dadurch nicht entmutigen lassen: Die normannischen Städte haben sich ihre Individualität bewahrt, und sie läßt sich mit ein wenig Liebe zur Stadtgeschichte und mit Interesse für das bürgerliche Leben in früheren Zeiten auch heute noch finden.

Ein reetgedecktes Wohnhaus im Pays d'Auge. Dieser vorwiegend landwirtschaftlich genutzte Teil der Normandie ist bekannt für seinen Käse – hier wurde der Camembert »erfunden«.

Caen

Diese Stadt geriet schon am 6. Juni 1944 ins Zentrum der Landungsoperationen der Alliierten, und sie wurde im Unterschied zum nahen Bayeux von den deutschen Truppen nicht nur hartnäckig verteidigt, sondern sogar nach den ersten Erfolgen kanadischer Einheiten teilweise zurückerobert.

Die Bewohner von Caen brachten insgesamt zwei Monate teils im Schutz der dicken mittelalterlichen Mauern ihrer Kirchen und Klöster zu, teils in den Katakomben von Fleury südlich der Stadt. Erst am 20. Juli 1944, Wochen nach der Landung der Alliierten in der Normandie, einem Schicksalstag auch für Deutschland, konnten die Behörden von Caen die Stadt den Alliierten übergeben, womit wenigstens die mörderischen Luftangriffe ein Ende fanden. Der gesamte alte Stadtkern ist im Krieg zerstört worden, und Caen ist eine neue Stadt mit einzelnen, meist sakralen Bauwerken, die verschont geblieben sind.

Die Hafeneinfahrt von Fécamp. Der Kabeljaufang erlebte hier nach dem Krieg eine Blüte, hat nun jedoch an Bedeutung verloren. Fécamp ist heute Einfuhrhafen für Holz aus Skandinavien.

Das Schloß Wilhelms des Eroberers

Das Schloß von Caen ließ sich Wilhelm der Eroberer sechs Jahre vor seinem Aufbruch nach England errichten. Es wurde während der Französischen Revolution seines Bergfrieds beraubt und hat in seiner exponierten Lage unter den Bomben von 1944 naturgemäß besonders gelitten. Heute ist das Schloß ein Beispiel dafür, wie man aus den Resten eines ehrwürdigen Bauwerks noch das Beste machen kann.

Die alte Burg des Eroberers steht heute schlanker und schlichter vor uns. Sie hat zwei malerische Burgtore, die noch von den Barbakanen, zwingerartigen Verteidigungsanlagen, geschmückt werden. Einbezogen in den Bau wurden erhalten gebliebene Mauerpartien aus dem 12. und 15. Jahrhundert. Das reich begrünte Innenfeld der einstigen Burganlage hat Museumsbauten aufgenommen, von denen ausgerechnet das Museum der Schönen Künste architektonisch deutlich aus diesem anheimelnden

mittelalterlichen Rahmen fällt, während das Normandie-Museum in der ehemaligen Residenz des Statthalters untergebracht wurde. Es zeigt eine vorbildliche Anordnung der Exponate.

Im Musée des Beaux-Arts hat man schon in der Halle das Mißvergnügen über die Fassade vergessen, weil uns der berühmte Tiermaler Paul de Vos (1595–1678) aus Antwerpen mit zwei Riesengemälden seine Kunst vor Augen führt. Auch in den anderen Räumen dominiert die flämische Malerei, vor allem aus dem 17. Jahrhundert, doch ist die originellste Sammlung die der italienischen und flämischen Maler mit Perugino und Rogier van der Weyden.

Das Musée des Beaux-Arts

In Caen befindet sich eines der 15 Museen, die der Kunstpolitik und Provinzialfürsorge des Konsulats zu danken sind, die sich unter Prosper Mérimée so großartig entfaltete. Der Glücksfall von Caen heißt Mancel, dessen reiche Sammlung dem 1809 eröffneten Museum half, den großen Schritt vorwärts zu tun. Depotbestände aus den Pariser Museen, Leihgaben aus normannischen Bürgerhäusern und einige glückliche Ankäufe haben der Stadt Caen heute zu einem sehenswerten Kunstmuseum verholfen, in dem man vieles Unerwartetes findet: Einen Entwurf etwa zu Dürers berühmtem Porträt Kaiser Maximilians, aber auch Werke mit Themen, die das Publikum aus der Normandie besonders berühren mußten, sind ausgestellt, wie etwa das Porträt von Charlotte Corday, die 1793 Jean-Paul Marat erstach, auf ihrem Gang zum Schafott.

Im Museum sind nur wenig Werke der einheimischen Maler und Marinemaler vertreten. Immerhin findet sich das Werk »La Plage de Pourgéville« von Eugène Boudin aus dem Jahr 1893 und ein Porträt, das Restout der Jüngere, ein Maler aus Caen, geschaffen

Rast an der autofreien Strandprome-nade in Courseulles-sur-Mer. Die normannische Küste ist gerade bei Radfahrern sehr beliebt.

hat. Bekannter ist dagegen Stanislas Lépine (1835–1892), dessen Bilder immer wieder Motive aus seiner Heimatstadt zeigen.

Bei den alliierten Luftangriffen wurden die Fayencen und die Porzellansammlung des Museums völlig zerstört; dagegen haben die kostbaren Bücher, Manuskripte und Stiche der Sammlung kaum Schaden genommen. Verläßt man den Schloßbereich durch die Porte sur la Ville, so gelangt man auf die Place Saint-Pierre, das alte Herz von Caen. Es wird im Osten durch die Kirche begrenzt, der mit dem Hôtel de L'Escoville der schönste der alten Stadtpaläste gegenübersteht. Man kann sich die Erschütterung der Bürger vorstellen, als dieser berühmteste und schönste Kirchturm der Normandie 1944 von den Bomben zerstört wurde.

Die Kirche Saint-Pierre

Saint-Pierre ist immer noch Hauptkirche der Stadt, trotz der beiden alten Abteien, die sich im Mittelalter vor der eigentlichen Stadt befanden und im Bewußtsein der kleinen Leute allerdings eine vergleichsweise geringe Rolle spielten.

Der erste Kirchenbau an der Stelle, wo heute Saint-Pierre wieder aufragt, wird in das 11. Jahrhundert datiert. Man hat 1859 einige Säulen aufgefunden, die das alte Triforium trugen und die bereits jenen phantasievollen Reliefschmuck aus Sagentieren, Pflanzenornamenten und Eierleisten aufwiesen, wie man ihn in der späteren Kirche noch vorfindet. Zwischen 1317 und 1346, einer unruhigen Zeit, in der Caen zeitweise von den Engländern belagert wurde, sind die wesentlichen Teile der Kirche entstanden, der Turm und alle Mauern bis zur Höhe der ersten Etage. Die Chorhaube, an deren reicher und feiner Gliederung manche Kritiker den sakralen Ernst vermissen, kam 200 Jahre später hinzu.

Daß die Kirche Saint-Pierre im Inneren ein wenig kühl und in seiner Weiträumigkeit beinahe leer wirkt, ist ein Eindruck, der schon vor der Zerstörung vorherrschte und

schen Strukturen ehrwürdig und beständig die Stadt, glücklicherweise auch nur leicht beschädigt. In der Abbaye aux Hommes im Westen ist heute das Rathaus der Stadt untergebracht, in der Abbaye aux Dames befindet sich das Krankenhaus.

Die Kirchen der beiden Klosteranlagen sind älter als die Konventsgebäude, die verschiedentlich erneuert werden mußten, damit sie bewohnbar blieben. Die Kirche Saint-Etienne bei der Abbaye aux Hommes entstand ab 1066 nach Plänen von Lanfranc, Abt, Erzbischof, Minister und Architekt, den man als Glücksfall im Leben Wilhelms des Eroberers bezeichnen kann. Obwohl er seinen König überallhin begleitete, ist über ihn nicht viel bekannt.

Geboren wurde Lanfranc in Pavia als Sohn eines Beamten. Er studierte die Schönen Künste und die Rechte in Bologna und ging nach dem Tod des Vaters zu weiteren Studien an die Seine. 1039 tritt er als Direktor der Klosterschule von Avranches in Erscheinung und eröffnet 1045 eine weitere Schule in Bec (heute Bec-Hellouin), die wegen ihres Unterrichtes in Sprachen und Naturwissenschaften bald weit über Frankreichs Grenzen hinaus berühmt wurde.

Lanfranc erreichte die Versöhnung zwischen Wilhelm und dem Heiligen Stuhl, den inzwischen sein Schüler Anselmus innehatte, und er brachte dem Eroberer den Segen Roms für die Expedition nach England. Als Erzbischof von Canterbury bewahrte er Wilhelm vor den Folgen der Verschwörung der Grafen von Hereford und Norfolk 1075, setzte Normannen in alle wichtigen Ämter ein und sicherte dem Sohn Wilhelms I. die Thronfolge gegen den Widerstand der Anglonormannen. Lanfranc starb 1089 in hohem Alter.

Die Kirche Saint-Etienne und die einstigen Klostergebäude liegen heute inmitten von Gärten im französischen Stil, und wenn man die Anlagen in Richtung auf das Zen-

Die Auswahl in der Fischhalle von Trouville ist groß. Hier sind die Fische garantiert fangfrisch.

Kupferwaren in Villedieu-les-poêles im Cotentin, dem Ort mit einer langen Kupferschmiedetradition.

vermutlich auf die Verwüstungen in den Hugenottenkriegen zurückgeht.

In der lebhaften Rue Saint-Pierre haben sich trotz der Verwüstungen von 1944 zwei alte Fachwerkhäuser erhalten, und wer die vielen Heiligenstatuetten sieht, die diese ehrwürdigen Überbleibsel zieren, der könnte wohl an die Kraft der Schutzgötter glauben. Das Wohnhaus des Monsieur d'Escoville hingegen, vor etwa 450 Jahren errichtet, mußte neu aufgebaut werden. Es ist Sitz des Touristenbüros und besticht durch seinen anmutigen Innenhof. Der Schmuck an den Decken und in den Nischen ist im Stil der Renaissance gestaltet. Und das Wappen des wohlhabenden Händlers zeigt, daß Caen von einem freieren Geist erobert und zu einer weltoffenen Seestadt wurde.

Die beiden Abteien von Caen

Während Gotik und Renaissance das Zentrum von Caen beherrschen, flankieren die beiden alten Abteien mit ihren romani-

trum von Caen durchquert, bieten sich schöne Blicke zurück auf Kirche und Abteigebäude. Man gelangt dabei zu den Ruinen einer gemeinhin Vieux-Saint-Etienne genannten Kirche, die schon vor 1944 stark baufällig war, aber 200 Jahre jünger ist als die Sühnekirche des Eroberers. Hingegen ist die westnordwestlich von Saint-Etienne liegende Eglise Saint-Nicolas 1083 errichtet worden, also gleichzeitig mit der berühmten Klosterkirche, die heute gesperrt ist. Ihr romantischer Friedhof ist sehenswert.

Königin Mathilde hat ihren Sühnebau der Eglise Saint-Nicolas am östlichen Ende der Stadt errichten lassen. Die Klosterkirche ist der Dreifaltigkeit geweiht und wirkt in ihrer wuchtigen Bauweise beinahe männlicher als Saint-Etienne. Königin Mathildes Grab wurde verwüstet, eine Gedenktafel erinnert an den geweihten Ort, und man steigt beinahe erleichtert in die Krypta hinunter, der weder die Hugenotten noch die Bombenflugzeuge des Zweiten Weltkriegs etwas anhaben konnten. Die wunderbare Unterkirche ist fünfschiffig und von Säulen gestützt.

Manoir des Gens d'Armes

So wie man von Saint-Etienne zum Friedhof von Saint-Nicolas pilgern kann, bietet sich nach der Abbaye aux Dames der kurze Ausflug zum Manoir des Gens d'Armes an, gelegentlich auch als Château, als Schloß, bezeichnet. Man erreicht es über die Rue Basse in Richtung Osten nach wenigen Kilometern und sieht sich dann bei dem Bau mit Mauern und vier Türmen einer kuriosen Mischung aus Festung und Landsitz gegenüber. Warum sich der offensichtlich wohlhabende Monsieur Gérard de Nollent um 1540 derart schützen zu müssen glaubte, kann nur vermutet werden; jedenfalls erheben sich auf der obersten Plattform des dicksten Turmes zwei steinerne Figuren in Rüstung und Waffen, jene Gens d'Armes,

die dem Bau seinen Namen gegeben haben. Vergleicht man die Gründungsdaten von Klöstern, Dorfschaften und Schlössern rund um die Zentren von Bayeux und Caen mit dem Jahr 911, in dem die Normandie nicht nur Teil des Karolingerreiches, sondern auch christlich wurde, so stellt man fest, daß sich Rollo – der allerdings damals schon alt war – und seine Nachfolger mit der Zivilisierung ihres Lehens an die 100 Jahre Zeit gelassen haben. Offensichtlich waren die kämpferischen Traditionen noch stärker als die kulturellen Einflüsse aus der Ile-de-France; man gab sich Mühe, das übertragene Herrrschaftsgebiet noch zu vergrößern, und lieferte sich dabei vor allem mit den Bretonen blutige Kämpfe.

Seit Beginn des 11. Jahrhunderts fand eine Umorientierung statt. Das Christentum ist allgegenwärtig, die Religion fordert Pflegestätten, die Herren stiften Klöster und Schulen. Caen wird trotz Bayeux und der Schule von Bec-Hellouin auch im geistigen Bereich eine der wichtigsten Städte der Normandie.

Nachdem die Fischer ihren Fang versorgt haben, müssen sie erst noch die Netze nach Schäden durchschauen, bevor sie klar Schiff machen können.

Das Palais Bénédictine in Fécamp ist Sitz einer Firma, die einen schmackhaften Kräuterlikör brennt, der auch »Bénédictine« heißt. Den Firmenpalast hat sich der Unternehmer Alexander Le Grand 1892 errichten lassen.

Die großen Persönlichkeiten unserer Zeit fühlten sich von der in der Zwischenzeit groß gewordenen und betriebsamen Stadt Caen offensichtlich nicht so sehr angesprochen wie von ihrem alten Hafen Ouistreham, einem mit seinen vielen Yachten bunten und stellenweise sogar mondän wirkenden Platz. Etwa 6000 Einwohner leben rund um die alte Kirche Sankt-Samson, die eines der frühesten Beispiele für die etwas ungefüge normannische Gotik ist.

Der Hafen blühte im 11., 12. und 13. Jahrhundert, er hat aber seit der Begründung von Le Havre durch König Franz I. nur noch lokale Bedeutung. Von seinen poetischen Reizen aber sind einige musische Politiker angezogen worden wie Edouard Herriot und Aristide Briand und der seiner flämischen Heimat und ihren Impressionen zeit seines Lebens verbunden gebliebene Lütticher Schriftsteller Georges Simenon, der in Ouistreham die Handlung seines Romans »Hafen im Nebel« spielen läßt.

Rouen

In ihren Ursprüngen ist Rouen, die Seinestadt, wie so manche Flußsiedlung älter als die bekannten Völkergruppen Frankreichs, und sie ist mit Sicherheit schon in der Jungsteinzeit bewohnt gewesen. Im vorrömischen Gallien, also bei einer im wesentlichen keltischen Uferbevölkerung, führte sie die Bezeichnung Rotumacas, zumindest fand sich diese Namensgebung auf einer Münze. Sie bedeutet nichts weiter als Durchgangsort, Etappe und bleibt romanisiert noch lange erhalten (Rotomagus).

Die römischen und galloromanischen Jahrhunderte sind reich dokumentiert, und wenn es auch nicht Cäsar war, so haben doch die beiden Geographen Strabo und Ptolemaios die Stadt in ihren Werken erwähnt und sie dadurch aus der Bedeutungslosigkeit herausgehoben.

Doch hatte Rouen nur als Flußhafen eine gewisse Bedeutung; Befestigungen fehlten jahrhundertelang völlig, und in der so gut wie schutzlosen Stadt plünderten die Nordmänner erstmals im Jahr 841 (andere Quellen nennen 842) unter dem Dänen Ogerik und 845 unter Ragnar Lodbrok. Daß die Stadt dennoch nicht aufgegeben wurde und viele Überfälle überstand, verdankt sie zweifellos der spätestens seit dem 5. Jahrhundert fest etablierten Kirche. Sie hat mit dem heiligen Pretextat einen historischen Märtyrer, den ein gedungener Mörder Ostern 586 vor dem Altar der Kathedrale umbrachte. Das geschah im Auftrag der auch sonst nicht zimperlichen fränkischen Königin Fredegundis.

Es hatten also auch schon vor den Normannen an der Seine rauhe Sitten geherrscht, man kann dies staunend und amüsiert in der Frankengeschichte nachlesen, die uns Gregor von Tours hinterlassen hat, ein Zeitgenosse des Pretextat und sein Verteidiger in einem Hochverratsprozeß.

Friedlich wurde es in Rouen erst, als Rollo, der Fußgänger (er war so groß, daß es kein passendes Pferd für ihn gab), sich für diese günstig gelegene Residenz entschied, von der die Verbindung zu den nun verbündeten Herren von Paris mühelos mit Seinebooten aufrechterhalten werden konnte. Dem alten Wikinger fiel auch auf, daß Ufergestalt und Inseln bei Rouen diese Schiffahrt erschwerten, und so ließ er – was im 10. Jahrhundert noch sehr schwierig war – durch gewaltige Erdbewegungen, Brücken- und Fundamentierungsarbeiten einige der Inseln unterhalb von Rouen mit dem Festland verbinden. Dadurch wurde Bauland gewonnen, aber auch sicheres Fahrwasser für größere Schiffe.

Unter den 14 Herzögen, die auf Rollo folgten, nahm das galloromanisch-fränkische Element in der Herrscherfamilie, in der Hofhaltung und in der Stadt schnell zu. Die

Krieger aus dem Norden hatten in ihren Langbooten zwar allerlei Nützliches mitgebracht, aber keine Frauen; die holte man seit alters aus den überfallenen Städten.

Bald wurden die Prinzen nach Bayeux geschickt, um im angestammten Dänisch unterwiesen zu werden, und 1197 meinte König Philipp August von Frankreich, es sei nun an der Zeit, sich die Normandie zurückzuholen. Aber Rouen wehrte sich, und erst 1204 gelang diesem energischen König die Eroberung der starken Festung Château Gaillard; und bald darauf zog er auch in Rouen ein.

Die Kathedrale Notre-Dame

Alles, was vor dieser Zeit in Rouen entstand, ist nur noch mit einiger Mühe auffindbar: Die Fundamente der Kathedrale aus dem 11. Jahrhundert, die karolingischen Krypten etwa in Saint-Gervais, das alles ist bei weitem nicht ausreichend, uns eine Vorstellung der normannischen Residenz zu geben. Nur die Kathedrale und die Herzogsgräber genügen diesem Anspruch.

Als die erste Bischofskirche auf diesem Platz im Jahr 1063 in Gegenwart von Herzog Wilhelm und seiner Barone geweiht wurde, war Rouen schon 600 Jahre christlich, wenn sich auch von einem ersten Gotteshaus aus dem Jahr 393 keine Spuren erhalten haben. Jedenfalls folgten auf jenen ersten Bau von Saint-Victrice die schwersten Jahrhunderte für die Stadt, und was hier zu Ehren Gottes erbaut und immer wieder neu errichtet wurde, war Bränden und Plünderungen ausgesetzt. Im Jahr 1200 brannte die Kathedrale noch einmal, aber die Krypta überstand auch das.

In den Jahren 1201 bis 1250, also über den Wechsel von der Normandie nach Frankreich hinaus, entstand das große Werk, eine der schönsten gotischen Kathedralen, die man in Europa kennt. So, wie die Kathedra-

le sich mitten in der Stadt und an dem uralten Kreuzweg zwischen modernen Bauten erhebt, erkennt man, daß sie eines Vorplatzes, wie ihn etwa Notre-Dame in Paris hat, gar nicht bedarf. Sie lebt mit ihrer Stadt, es fallen auf sie Licht und Schatten, Sonne und Wolkenbilder, und nicht nur große Maler wie Claude Monet haben diese lebhafte und mit ihrer Umgebung lebende Fassade für uns festgehalten. Roulland le Roux, einer der begabtesten normannischen Baumeister, hatte den Mut, die ganze Westpartie der Kathedrale neu zu errichten und jene Fassade zu schaffen, die seitdem von der Welt bewundert wird.

Nur 30 Jahre nach der Fertigstellung, 1562, zog der Hugenottensturm über die Normandie. Sie wurde zu einem Hauptstützpunkt der neuen Lehre, und Rouen gilt seit dieser Zeit, vor allem hinsichtlich der Verleger und Drucker, als ihr Zentrum. Warum diesem beständigen und eigenständigen Ruhm einer Stadt eine Plünderung der ehrwürdigen Kathedrale durch die Hugenotten

Der berühmte Uhrenturm in Rouen. Der Gros-Horloge, von dessen Turm sich ein schöner Rundblick bietet, ist das Wahrzeichen der Stadt.

Die Kathedrale Notre-Dame in Rouen gilt als eine der prächtigsten gotischen Kirchen ganz Frankreichs.

vorausgehen mußte, ist heute nicht zu verstehen, ebensowenig wie der Umstand, daß die Revolution auch in diesem Gotteshaus die Inhalte ihrer Lehre verkündete und einen Tempel der Vernunft aus ihm machte. Damals wurde das Renaissancegrabmal Karls V., des Weisen, zerstört. Die dritte Prüfung war dann die Bombennacht des 19. April 1944, wenige Wochen vor der Invasion, und der Brand vom 1. Juni, der das gesamte Grand-Pont-Viertel verheerte. Das südliche Seitenschiff wurde vernichtet, dazu der Saint-Romain-Turm und eine Reihe angrenzender Gebäude.

Das beste Zeugnis, das man dieser ungeheuren Wiederaufbauleistung ausstellen kann, besteht darin, daß wir heute, ein halbes Jahrhundert nach den Ereignissen, die Kathedrale Notre-Dame de Rouen wieder als einen Bau erleben können, der mehr ist als eine Kirche. Er ist gleichsam Herzkammer der Geschichte, und diese Charakterisierung ist nicht profan, sondern sie meint eine intime Verbindung von Herrschaft und Religion, von weltlicher Macht und Kirche, von der das Mittelalter auch in der Normandie gekennzeichnet war. Und natürlich bewegen wir uns außerdem in einem Rahmen großer Kunst, deren Schöpfer zum Teil unbekannt sind wie bei den meisten der Glasmalereien. Medaillons, in Rot und Blau gehalten, erzählen die Geschichte von Sankt Julian dem Gastlichen, der weltberühmt geworden ist durch eine Erzählung Gustave Flauberts, des Dichters der »Madame Bovary«.

Die Grabmonumente

Wir gehen weiter zu den großartigen Grabmonumenten, die den Umgang an den Kapellen fast vollständig erfüllen. Weltliche Herren wie Wilhelm Langschwert, der 943 ermordete Sohn Rollos, oder Heinrich II. Plantagenet ruhen hier friedlich neben Würdenträgern der Kirche wie dem Kardinal d'Amboise oder den Kardinälen Bonnechose, Croy und Cambacérès, große Namen des europäischen Adels.

Brézé der Tapfere, Kanzler Frankreichs, hat ein gotisches Grab in der Kathedrale, das gänzlich restauriert werden mußte. Sein Enkel, Louis de Brézé, ruht in einem der schönsten Gräber der französischen Renaissance und ist gleich zweimal dargestellt, einmal als Gisant in Alabaster und noch einmal als bewaffneter Reiter, der nur etwas zu klein für sein Pferd ist.

Die schöne Frau, die seinen Tod beweint, ist seine Gemahlin Diane de Poitiers, eine Legende aus Anmut, Intelligenz und Würde in der langen Reihe französischer Mätressen. An der Seite Heinrichs II. von Valois wurde sie zur großen Gegenspielerin der Königin aus dem Hause Medici. Der Lieblingsbildhauer Dianes, Jean Goujon, entwarf das einzigartige Grabmal, und Nicolas Quesnel schuf die Figuren dazu.

Neben den Gräbern ist noch eine Pietà bemerkenswert, die Eustache Desplanches 1591 geschaffen hat, und das Gestühl von Philippe Viart, an dem er seit 1457 im Auftrag des Kardinals d'Estouteville arbeitete, ohne es jedoch fertigzustellen.

Nach den Zwischenfällen in so vielen Jahrhunderten wundert man sich, wieso die Gräber in der Kathedrale nie beraubt wurden, ganz im Gegensatz zu denen in anderen Gotteshäusern der Normandie. Es ist eine Frage, die unbeantwortet bleiben wird. Das Grabmal für Heinrich II. Plantagenet wurde 200 Jahre nach seinem Tod geschaffen, das Grab von Richard Löwenherz, der 1199 getötet wurde, zeigt einen Gisant, dem die Ähnlichkeit mit dem Verstorbenen abgesprochen wird, wieder andere Grabmale waren nach der Bombardierung des Jahres 1944 nur noch Trümmer und mußten nach Fotografien oder alten Abgüssen rekonstruiert werden.

In der Rue du Gros-Horloge

Vor der Kathedrale beginnt die Rue du Gros-Horloge. Sie führt fast schnurgerade unter dem Wahrzeichen von Rouen, dem Uhrentor, zum Alten Markt, der – nach umfangreichen Baumaßnahmen – wieder das Gegenstück zum Kathedralviertel bildet.

Er war das weltliche Lebenszentrum einer alten Stadt und ist durch das Museum für Jeanne d'Arc mit der Erinnerung an diesen wohl bekanntesten Justizmord aller Zeiten verbunden. Johanna wurde hier am 30. Mai 1431 auf dem Scheiterhaufen verbrannt. Eine Frau mit derartigen Gaben und Erfolgen mußte eine Hexe sein. Die Kirche verurteilte sie zum Tode, und erst 1920 wurde sie heiliggesprochen und damit auch offiziell zur Nationalheiligen Frankreichs.

Auf dem Weg zu dem heute weitgehend modernen Alten Markt passiert man die dicke Uhr, Gros-Horloge wörtlich übersetzt, einen originellen Renaissancepavillon auf einem Bogen über der bis heute lebhafte-

sten Hauptader Rouens. Der Bau von 1527 wurde in den oberen Bereichen nicht immer geglückt erneuert; Bogen und Uhr aber haben sich ihren Charme bewahrt. Im Uhrenmuseum des Glockenturms werden alte feinmechanische Arbeiten gezeigt, und das Glanzstück der kleinen Sammlung ist das Uhrwerk des Jean de Felains von 1389. (Ob es tatsächlich das älteste der Welt ist, wird sich wohl nie zuverlässig beantworten lassen.) Unstrittig dagegen ist der schöne Blick, den man vom Glockenturm genießt. Die alten Fassaden am Gros-Horloge sind praktisch Freiluftmuseen, und in den Kellern, unter Läden und Gaststätten, lebt das Mittelalter fort wie auch in der Rue Jeanne d'Arc mit ihren Fachwerkhäusern.

Die Kirche Saint-Maclou

An der anderen Seite der Kathedrale, durch die Rue de la République von ihr getrennt, liegt das spätgotische Kirchenwunder Saint-Maclou. Ihre Filigrankonstruktionen aus

Kreuzgang der Abteikirche von Mont Saint-Michel. Ob der Klosterberg in der Normandie oder in der Bretagne liegt, war lange umstritten. Die Diskussion wurde schließlich zugunsten der Normandie entschieden.

Die Normannische Schweiz ist ein ideales Wandergebiet. Von ihrem höchsten Punkt, der Roche d'Oetre (120 m), hat man einen schönen Panoramablick in die Umgebung.

den Jahren 1437 bis 1517 hatte der Bombensturm des Zweiten Weltkriegs besonders in Mitleidenschaft gezogen. Es war ein Glücksfall, daß die Renaissanceportale erhalten geblieben sind, Meisterwerke des Bildhauers und Baumeisters Jean Goujon, eines Hugenotten, und seiner Schüler. Er schuf auch die Marmorsäulen, die in der Kirche die Orgelempore tragen. (Hier ist die Urheberschaft unbestritten, während die Holzskulptur der Türfelder von manchen Autoritäten als flämische Arbeit angesehen wird.) Die Glasmalereien in Saint-Maclou, unter denen ein großer Lebensbaum auffällt, stammen aus dem 16. Jahrhundert.

Eine der Keimzellen des alten Rouen war das Kloster von Saint-Ouen, weiter nördlich an der Rue de la République vor großen Grünflächen gelegen, nach dem heiligen Audoenus oder Dado benannt. Die Kirche, die heute seinen Namen trägt, hat er schon 641 weihen lassen, so daß man annehmen darf, daß er ein hohes Alter erreicht hat. Die Fundamente der alten, bis ins Jahr 535

zurückreichenden Kirche blieben noch lange erhalten, so daß die Gläubigen vor den Reliquien des Heiligen – er galt als Helfer gegen Schwerhörigkeit – beten konnten. Die heute nach schwierigen Restaurierungsarbeiten wieder vor uns stehende Kirche wurde im 14. Jahrhundert von Marc d'Argent geschaffen; doch wurde an der Kirche immer weiter gebaut: Noch 1724 erhielt sie die Porte des Ciriers im spätgotischen Stil. Da aus der romanischen Kirche, die 1136 bei einem Stadtbrand vernichtet wurde, immerhin die Tour aux Clercs erhalten ist, haben wir es bei Saint-Ouen tatsächlich mit einem Gotteshaus zu tun, das alle Entwicklungen der Stadt überstanden hat. Selbst das 20. Jahrhundert ist mit einem großen Kreuzigungsfenster von Max Ingrand vertreten; die anderen Glasmalereien stammen meist aus dem 14. Jahrhundert.

Ähnlich wie die Kathedrale birgt auch Saint-Ouen die meisten Legenden und Geschichten in den Kapellen des Umgangs. Eine der Kapellen ist Saint Niçaise geweiht, dem nach der Tradition ersten Bischof von Rouen, obwohl er auf der Anreise in die Stadt starb. Eine andere Kapelle ist, wie nicht anders zu erwarten, der Jungfrau von Orléans gewidmet. Bemerkenswert daran ist, daß dies schon im 14. Jahrhundert erfolgte, also bald nach dem Flammentod der Heiligen. Hinsichtlich der Normannengräber – ein Onkel Wilhelms des Eroberers war hier beigesetzt – herrscht die übliche Unsicherheit, während die Apsidialkapelle der Jungfrau Maria geweiht ist und durch besonders schöne Glasmalereien beeindruckt. Zwischen Saint-Maclou und Saint-Ouen, einem Bereich, der lange Zeit vor den Mauern des ältesten Rouen lag, führt heute die Rue Martainville von Westen nach Osten. Sie ist reich an alten Häusern mit malerischen Fassaden und bringt uns auf ihren Nummern 184–186 zum Atrium von Saint-Maclou, einem charmanten Hof mit Fach-

werkbauten, die reizvoll-altertümlich wirken. Sie stammen aus dem 16. Jahrhundert
und sind heute Sitz einer Kunstakademie.
Im lebhaften Rouen haben die Fußgänger-
zonen für Beruhigung und bessere Luft ge-
sorgt; bisweilen zieht von der Seine eine
feuchtkühle Brise herauf. Die Stadt ist wieder das einst berühmte lebende Museum,
die Ville-Musée der Normandie, und in dieser Rolle auch einzigartig in Frankreich,
trotz der Städte Pézenas und Carcassonne.

Berühmtheiten in Rouen

In der Nummer 4 der Rue de la Pie wurde
der große Bühnendichter Pierre Corneille
(1606–1684) geboren. Sein Geburtshaus
hat eine neue Fassade, aber alte Fundamente und eine Hinterfront mit dem Arbeits-
zimmer aus der Zeit des Dichters.
Die Kirche von Saint-Sauveur am Alten
Markt (Vieux Marché) fiel schon vor dem
Ersten Weltkrieg den Erweiterungsmaßnah-
men im Zweiten Kaiserreich zum Opfer.
Viele große Geister lebten in Rouen. So der
Naturwissenschaftler Blaise Pascal von
1639 bis 1647 oder François Marie Voltaire,
der von 1723 bis 1731 in Rouen und Umgebung lebte und arbeitete. Honoré de Balzac
besuchte wiederholt seine Schwester Laure
de Surville und verarbeitete die Eindrücke
aus der Stadt in seinen Romanen.
Die zahlreichen Impressionen aus Rouen,
die sich in »Madame Bovary« und anderen
Werken Flauberts finden, lassen sich leider
nur noch teilweise nachvollziehen, woran
nicht immer die Zerstörungen von 1944 die
Schuld tragen. Städte verwandeln sich auch
im Frieden, und keiner der vielen Kriege,
die etwa Paris zu bestehen hatte, veränderte
das Stadtbild in dem Maß wie der Präfekt
Georges Eugène Haussmann, der ab 1853
die Modernisierung von Paris unter Zerstörung des historischen Stadtbilds durch-
führte. Die venezianischen Partien Rouens

an der Eau-de-Robec sind verschwunden,
der Wasserlauf ist eingedeckt; um das Theater, im Kneipen- und Dirnenviertel, haben
die Bomben alles vernichtet, und dem Wiederaufbau fehlen Flair und die Patina. Zu
sehen ist jedoch noch das Hôtel-Dieu mit
dem Zimmer, in dem Flaubert geboren wurde, und in der Mairie von Canteleu zeigt
man seine Bibliothek.
Von den Autoren unseres Jahrhunderts
fühlte sich der Schriftsteller André Maurois
(1885–1967) mit Rouen besonders verbunden, wo der Philosoph Alain (1868–1951)
sein Lehrer war. Erschüttert von den Verwüstungen des Krieges, schrieb er 1948 seinen
Essay »Rouen dévasté«. Auch der Schriftsteller André Gide (1869–1951), Normanne
durch die Familie seiner Mutter, besuchte in
der Stadt oft Verwandte; seine Frau Made-
laine Rondeaux, eine Cousine, stammte aus
Rouen. Im Jahr 1912 veröffentlichte Gide
einen Bericht über seine Tätigkeit als Ge-
schworener an der Cour d'Assises in Rouen.
Am Lycée Jeanne d'Arc unterrichtete in den

*Inmitten eines großen Parks steht
dieses Haus in Vaucottes, ganz in der
Nähe des Hafenstädtchens Yport.*

Das Pays d'Auge präsentiert sich als ländliche Idylle. Bei einer Fahrt durch diese Region trifft man auf alte Herrenhäuser und Gehöfte im Fachwerkstil.

Jahren 1933 bis 1937 Simone de Beauvoir (1908–1986), Schriftstellerin und Lebensgefährtin von Jean-Paul Sartre.

Maler in Rouen

Von den Malern, deren Werk eng mit der Stadt Rouen verbunden ist, wurde ein Brite am bekanntesten: Der früh verstorbene Maler Richard Parkes Bonington (1801–1828), ein glühender Romantiker mit einer großen Begabung. Er gehört zu den bedeutendsten englischen Landschaftsmalern, und sein Werk hatte großen Einfluß auf die nachfolgenden Künstlergenerationen.

Neben den Einheimischen – dem aus Rouen stammenden Théodore Géricault ist ein ganzer Saal gewidmet – sind im Musée des Beaux-Arts am Square Vedrel vor allem die flämischen Primitiven sehenswert, aber auch die Werke älterer Franzosen, die man nicht häufig sieht, wie Jean Clouet und Nicolas Poussin. Charles-François Daubigny (1817–1878), 100 Jahre nach seinem Tod

zu hohen Preisen gehandelt – wenn auch nur in München –, ist in Rouen mit einer Schleuse aus dem Optevoztal vertreten.

Am Square Vedrel liegt auch das Fayencemuseum von Rouen in einem Stadtpalais aus dem 17. Jahrhundert. Hier wird keramisches Kunsthandwerk vorgestellt, dessen früheste Stücke aus dem Jahr 1545 stammen, als Monsieur Masseot Abaquesne, von der Halbinsel Cotentin stammend, die Keramikproduktion in Rouen aufnahm; er hatte damals einen lukrativen Auftrag für Apothekergefäße erhalten.

Le Havre

Zwischen den Jahren 1517 und 1545 wurden, nach Initiativen von Franz I., die beiden alten Hafenorte Leure und Chef de Caux zu einer neuen und großen Flottenbasis am Nordufer der Seinemündung zusammengefaßt. Ziel war es, hier eine Kriegsflotte gegen England zu versammeln. Da Frankreich in seinen Unternehmungen gegen England seit 1066 kein nennenswerter Erfolg mehr beschieden war, erlangte Le Havre erst eine gewisse Bedeutung, als die französischen Hilfslieferungen für die gegen England rebellierenden amerikanischen Kolonien und die französischen Hilfstruppen hier verladen wurden (der Handel mit Louisiana und mit den französischen Karibikinseln lief noch über Nantes und Bordeaux). Auch im 19. Jahrhundert, zu Beginn der Dampfschiffahrt, behielt Le Havre seine starke Position, dank des direkten Wasserweges nach Paris und der Verbindungen zum nordfranzösischen Kanalnetz.

Die Maler und Le Havre

Viele Künstler interessierten sich für Le Havre wegen seiner Küste und des Meeres. Der erste, der Eindrücke in seinen Werken verarbeitete, war der Engländer Bonington, der auch in Rouen arbeitete: Er stellte 1822 eine »Vue du Havre« aus, zwei Jahre, bevor der Maler Eugène Isabey, Sohn des großen Jean-Baptiste, dessen Stern damals, nach dem Untergang des Ersten Kaiserreichs, schon im Sinken war, in die Stadt kam. Isabey der Jüngere verbrachte die nächsten 40 Jahre mit immer neuen Normandiereisen, wobei er Eugène Boudin kennenlernte, den im Ausland kaum bekannten Marine- und Hafenmaler. Bald entstand ein Kreis von Enthusiasten für diese Landschaften im Nordwesten Frankreichs, an einem Meer, das durch die Eisenbahn nun so nahe an die Hauptstadt Paris herangerückt war.

Die Malergruppe schwelgte in Strand- und Seebildern, und auch reizvolle Impressionen vom Hafen Le Havres sind darunter. Der Vater Eugène Boudins war Kapitän des Schiffes, das zwischen Honfleur und Le Havre verkehrte, so daß es für den Maler ein leichtes war, neben seinem Laden für Malerbedarf in Honfleur ein zweites Geschäft in Le Havre zu versorgen. Bald wurden auch einige der großen Talente von dieser Betriebsamkeit angezogen: Jean-François Millet kam aus Barbizon und stellte seine Gemälde bei Boudin ins Schaufenster. Claude Monet, dessen Vater seit 1845 in Le Havre lebte, malte statt Karikaturen Landschaften, und Gustave Courbet kam 1859 mit dem Maler-Musiker Alexandre Schann, dem Schaunard aus Giacomo Puccinis Oper »La Bohème«, nach Le Havre.

1862 begann die große Freundschaft zwischen Monet und dem Holländer Johan Bertold Jongkind, und man sah die Unzertrennlichen mit ihren Staffeleien an die Strände und auf die Dünenhöhen von Le Havre wandern. 1872 entstand hier Monets berühmtes Bild »Impression: Soleil levant« (aufgehende Sonne), das der neuen Richtung ihren Namen gab. Es kamen fast alle, die Ende des 19. Jahrhunderts die große Wende in der Malerei bewirkten: Camille

Pissarro, Georges Braque, Albert Marquet, außerdem Raoul Dufy und Emile-Othon Friesz, die beide aus Le Havre stammten.

Diese Rolle, die Le Havre in der neueren französischen Kunstgeschichte spielte, gibt der Stadt auch eine geistesgeschichtliche Bedeutung. Man möchte beinahe glauben, daß dieser Hafen ohne Vergangenheit durch die Neuentwicklung, die in seinen Mauern stattfand, schon darauf zusteuerte, Frankreichs modernste Stadt zu werden. Heute steht der Glaspalast mit blinkendem Metall, in dem die Werke dieses Freundeskreises ausgestellt sind, am Boulevard Clemenceau an der Seinemündung. Bis auf die Kostbarkeiten, die man in Philadelphia, Lüttich und Paris findet, hängen die Werke im Musée des Beaux-Arts in unmittelbarer Nähe des Sémaphore, der Warte zwischen Avant-Port und Bassin de la Manche. Vermutlich gibt es kaum ein zweites Museum mit so ausgezeichneten Lichtverhältnissen, und man wünschte sich, auch einmal ein Werk des Spaniers Francisco Zurbarán

Die Atlantikküste bei Longues-sur-Mer. Von hier aus verteidigten im Zweiten Weltkrieg die Deutschen ihre Stellungen und kontrollierten die Seinemündung. Der Beobachtungsposten wurde Le Chaos genannt.

(1598–1664) in derartiger Beleuchtung zu sehen. Hauptanliegen des Museums sind seit Jahrzehnten die Werke von Boudin und Dufy. Stiftungen und Leihgaben, vor allem die bedeutende Schenkung Louis Boudins, des Bruders des Malers, haben die Bestände im Lauf der Jahre beträchtlich erweitert.

Das moderne Le Havre

Das Museum steht am Südkap der neuen Stadtviertel, mit denen sich der Architekt Auguste Perret Ruhm erworben hat. Er widmete die letzten zehn Jahre seines Lebens (er starb 1954) dem Wiederaufbau der schwergeprüften Stadt. Ein schwieriges Stadtbild zwischen Hafenbassins, einem von Norden hereinreichenden Waldstück und dem befestigten Hügel im Westen wurde so bebaut, daß eine Harmonie zwischen Freiräumen und bebauter Fläche entstanden ist. Manche kühnen Konstruktionen lassen an Brasilia, die hypermoderne brasilianische Hauptstadt, denken. Und so heißt denn auch die quadratische Fläche Espace Oscar Niemeyer nach dem Mitschöpfer Brasilias, dem deutschstämmigen brasilianischen Architekten. Er schuf in Le Havre eines jener Zentren, in dem künstlerische Aktivitäten eine Belebung dieses Viertels bewirken.

Le Havre besitzt das schönste Denkmal, das Perret sich gesetzt hat: Saint-Joseph, 1951 begonnen und nach dem Tod Perrets vollendet, mit einem achteckigen Turm von 109 Meter Höhe. Zu der architektonisch mutigen Kirche paßt die Konzeption der großen, bunten Fensterflächen. Das Licht, das durch sie einfällt, verändert das Innere der Kirche je nach Tageszeit.

Im Norden des modernen Stadtteils verlaufen die großen Verkehrsadern, der Boulevard de Strasbourg, die Avenue Foch und, nach Osten, die Rue de l'Abbaye. Die Abtei, die damit gemeint ist, ist die von Graville

Vom Kiesstrand bei Etretat geht der Blick zu den mächtigen natürlichen Felsentoren, die das Seebad an der Alabasterküste so berühmt gemacht haben.

mit der Sankt-Stephans-Basilika aus dem 6. Jahrhundert. Auf ihren Fundamenten erhebt sich heute die Abteikirche Sainte-Honorine. In normannischer Romanik erbaut, wurde sie nach den Schäden von 1944 in jahrzehntelanger Arbeit restauriert. Hier befindet sich ein Skulpturenmuseum mit mehreren Sälen und einer großen Krypta.

Der westliche Endpunkt dieser Verkehrsleitlinien ist die Porte Océane, vor der die Strände und das Meer liegen. Einen neuen Akzent erhielt die Seine-Mündung durch die 2141 Meter lange »Brücke der Normandie«, die seit dem Jahr 1995 Le Havre mit Honfleur verbindet.

Saint-Adresse hieß ein altes Fischerdorf, das jedoch bei einer Sturmflut im 14. Jahrhundert unterging und in geschützterer Lage wiederaufgebaut wurde. Am Meer dehnt sich ein moderner Badeort aus, über dem sich ein Fort mit Kasematten aus dem Zweiten Weltkrieg erhebt. Neben Villen ist hier die schlichte alte Schifferkirche Notre-Dame-des-Flots zu sehen, in der man naive

Einige der imposanten Felsentore an der Steilküste bei Etretat sind bei Ebbe zu Fuß passierbar.

Votivgaben von gesund Zurückgekehrten ebenso antrifft wie die Bildchen, mit denen Frauen und Mütter der Seefahrer und Fischer um sichere Heimkehr baten. In der Nähe erhebt sich der Gedenkstein für Charles, Comte de Lefebvre-Desnouettes, einen der Getreuen Napoleons I., der in den Hundert Tagen sofort zu ihm überging und bei Waterloo an der Seite des Korsen kämpfte. Der Graf versank 1822 mit seinem Schiff bei Island auf dem Rückweg von Amerika.

Cherbourg

Am 19. Juni 1864 stand der junge Maler Edouard Manet an der Küste bei Cherbourg, um die Meeresstimmungen zu malen, als er durch ein dumpfes Grollen auf See aufgeschreckt wurde. Zwei Kriegsschiffe feuerten dort aufeinander, und das, obwohl England und Frankreich miteinander Frieden hatten. Manet begriff, daß es sich um ein ganz besonderes Ereignis handeln mußte, und er fühlte sich als Chronist dazu verpflichtet,

diese kuriose Seeschlacht aufs Papier zu bannen. Er erlebte den Siebzig-Minuten-Kampf zwischen einem Panzerkreuzer der amerikanischen Nordstaaten und einem auf allen Meeren gesuchten Kaperschiff.

Die weit nach Norden vorspringende Halbinsel hatte damit wieder einmal ihre besondere Lage bewiesen, und Sébastien Vauban, der große Festungsbaumeister, war erneut gerechtfertigt. Doch ist er nicht der erste gewesen, der die Vorzüge dieser Lage erkannt hat. Schon die Peutingersche Tafel (die Kopie einer römischen Straßenkarte) verzeichnet Cherbourg, nur hieß es damals, vor 2000 Jahren, Coriallum.

Den Römern waren bronzezeitliche Händler vorangegangen, die entdeckt hatten, daß man von Cherbourg aus relativ gefahrlos auch mit kleinen Schiffen auf die englische Isle of Wight übersetzen könne.

Nach dem großen Frieden der Römerzeit begann für das Fischerdorf und Hafenstädtchen auf dem Platz von Cherbourg der praktisch tausendjährige Krieg zwischen Frankreich und England, denn die ersten Wikinger des 9. Jahrhunderts kamen aus England über den Kanal.

Die friedlichen Ausbauarbeiten in Cherbourg wurden vergleichsweise spät in Angriff genommen: Erst Ludwig XVI., an Technik stärker interessiert als an Politik, hat Schutzbauten errichten lassen, die vom Meer immer wieder weggespült wurden. Schließlich ließ Napoleon I. mit dem Bau eines Schutzdammes beginnen, der unter Napoleon III. endlich vollendet wurde.

Nach den schweren Zerstörungen zwischen 1940 und 1944 und der militärischen Nutzung des Hafens für den Nachschub der Alliierten wurde Cherbourg erst im Jahr 1952 wieder Handelshafen.

Heute, nach einer endlosen Periode der Unsicherheit, darf auch Cherbourg an seiner Halbinselspitze einem längeren Frieden entgegenblicken, und die Stadt hat in jeder

Bei Mesnil-Val, im Südwesten von Le Tréport, steigen die mächtigen Kreidefelsen steil aus dem Meer auf.

Millet vertreten, der zwar nicht aus Cherbourg selbst stammte, sich aber häufig hier aufgehalten hat.

Schloß Tourlaville

Fünf Kilometer von Cherbourg entfernt liegt das Schloß von Tourlaville, das beinahe unversehrt die zahlreichen kriegerischen Auseinandersetzungen an den normannischen Küsten überstanden hat.

In dem von 1562 bis 1563 errichteten Bau lebten Julien und Marguerite, die Kinder des Seigneurs de Tourlaville. Die Geschwister verliebten sich ineinander, was nicht unbemerkt blieb. Man trennte die beiden, aber sie trafen sich heimlich. Als sie verraten wurden, flohen sie nach Fougères und tauchten dann in Paris unter. Aber auch dort wurden sie erkannt und 1603 von König Heinrich IV. zum Tode verurteilt. Marguerite hatte im Gefängnis ein Kind geboren, und der Vater des unglücklichen Geschwisterpaares hatte den König um Gnade für seinen einzigen Erben gebeten – doch vergeblich.

Das Schloß, im vorigen Jahrhundert von den Grafen von Tocqueville restauriert, ist heute im Besitz der Stadt Cherbourg und kann besichtigt werden. Ein Gemälde über dem Kamin im großen Saal zeigt Marguerite mit Amoretten und dem Schloß im Hintergrund, und im sogenannten Blauen Zimmer wird natürlich das Baldachinbett der unglücklichen Geschwister gezeigt.

Bayeux

Bayeux ist als Stadt eine der angenehmsten Begegnungen, die wir in der Normandie haben können. Das trifft zumindest heute zu, wo der Belle-Époque-Ruhm von Deauville verblaßt ist und die Marcel-Proust-Enthusiasten sich in Cabourg nicht mehr so zahlreich einfinden. Und es ist natürlich die

Hinsicht an Annehmlichkeit gewonnen. Man bemüht sich, seinen Gästen das zu bieten, was andere Städte der Normandie ihnen schon seit 200 Jahren bereitstellen.

Das Thomas-Hery-Museum genügt einem friedlich-kulturellen Anspruch in hohem Maße. Es liegt in der Rue Vaslel in einem kleinen Centre Culturel. 1835 hat Thomas Hery, ein Kunsthändler und Experte, der eine große Anzahl wertvoller Werke besaß, den Grundstock gestiftet.

Die Sammlung wurde durch das Legat der Familie Ono-Millet erheblich erweitert, so daß das Museum fünf- bis sechsmal so viele Gemälde namhafter Künstler besaß, wie man zeigen konnte. Auch als 1971 mit dem neuen Museumsbau begonnen wurde, reichte der Raum immer noch nicht. Man half dem mit wechselnden Ausstellungen in einer der Etagen ab.

Die Sammlung von Gemälden mit den Themen Meer, Küste, Cherbourg ist ständig in dem Museum zu sehen. Zahlreich sind auch die Werke des Malers Jean-François

Tapisserie der Königin Mathilde, der weltberühmte Teppich von Bayeux, der die Stadt ihren Bekanntheitsgrad zu verdanken hat. Obwohl es sich dabei um keinen Teppich, sondern um eine Stickerei handelt, um ein Dekorationsstück, das mit der Königin Mathilde, der Ehefrau Wilhelms des Eroberers, gar nichts zu tun hat.

Selbstverständlich ist die einzigartige Bildergeschichte, die auf den Leinenstreifen gestickt ist, der große Glücksfall eines Jahrtausends. Ihm verdanken wir es, daß wir uns von der normannischen Geschichte ein so eindrucksvolles Bild machen können. Doch sollte man darüber die Stadt nicht vergessen, denn auch sie ist ein Glücksfall, ein Stück der alten Normandie, das sich über das Jahr 1944 hinübergerettet hat, eine Stadt, die heute noch so ist, wie es Falaise oder Caen einst waren.

Fast möchte man meinen, die alten Normannengötter hätten ihre Hände schützend über die Stadt gehalten, die exponiert war wie keine andere, unmittelbar südlich der heiß umkämpften Küstenstreifen, wo sich Deutsche und Engländer im Zweiten Weltkrieg heftige Gefechte lieferten.

Bayeux aber, mit seinen 15 000 Einwohnern in seiner Enge übervölkert, ist ein friedliches und freundliches Städtchen geblieben. Das ist erfreulich, und man genießt es, vor allem, wenn man sich entschlossen hat, sich Zeit zu nehmen und zu Fuß zu gehen. Man kann inzwischen in Bayeux sogar wohnen, bisher war die Hotelkapazität sehr gering, nun gibt es an der Ausfallstraße nach Cherbourg (Rue St.-Patrice) immerhin ein modernes Hotel mit 78 Zimmern.

Der Kern der mittelalterlichen Stadt war fast quadratisch angelegt, mit einer Nordwestecke auf dem Schloßhügel (heute: Unterpräfektur) und einer Südostbastion, dem Dombereich. Das Schloß fiel nicht dem Zweiten Weltkrieg zum Opfer, sondern wurde im 18. Jahrhundert abgetragen.

In diesem Vieux Carré des Stadtkerns begegnen wir dem Mittelalter auf Schritt und Tritt. Die heutige Rue Saint-Malo etwa lief parallel zu der nach Osten gerichteten Stadtmauer von der Porte Saint-André im Norden bis zur Porte Saint-Martin und der gleichnamigen Kirche. In Hausnummer 4 hat sich das Grand Hôtel d'Argouges seine Fachwerkkonstruktion erhalten. Etwas weiter südlich, auf der anderen Straßenseite, befindet sich im ältesten Haus der Stadt das Syndicat d'Initiative (Ecke Rue des Cuisiniers). Das Gebäude ruht auf vier kurzen Steinsäulen und reckt seine Holzkonstruktion in beängstigender Weise in die Straße hinein; es soll unter Karl V. (gestorben 1380) erbaut worden sein.

Alte und charakteristische Wohnhäuser befinden sich auch in der Rue Franche (kreuzt die Rue Saint-Malo), in der Rue des Cuisiniers, der Rue Saint-Jean (außerhalb der ehemaligen Stadtmauern in der Fußgängerzone) und in der Rue Bourbesneur (das sogenannte Hôtel du Gouverneur am

Felsbrocken in der Nähe von Criel-Plage an der Alabasterküste: Eine Szenerie, die von Caspar David Friedrich gemalt sein könnte.

Von der kleinen Fachwerkwindmühle bei Courselles-sur-Mer werden auch heute noch zwei Wasserräder angetrieben.

Südrand des Schloßbezirks). Viele dieser alten Häuser lehnten sich gegen die Stadtmauern oder wurden auf ihnen errichtet.

In der Rue du Bienvenu gegenüber der Kathedrale stehen Fachwerkhäuser neben Steinbauten aus dem 15. Jahrhundert. Das schönste der Fachwerkhäuser scheint derselbe Architekt gebaut zu haben, der auch das Hôtel d'Argouges errichtete; es fällt durch originellen Außenschmuck auf. Unter dem Dach mit seinen hohen Gauben wird uns die Geschichte von Adam und Eva erzählt, während die wuchtigen Balken des ersten Stockwerks Sagenmotive tragen, eine Melusine, ein Einhorn und die Büste einer Frau, die aus einer Lilie herausragt.

Der Teppich von Bayeux

Trotz des stillen Charmes der mittelalterlichen Innenstadt ist es nicht einfach nur die Vergangenheit von Bayeux, die heute Besucher das ganze Jahr über anlockt, sondern es ist der Teppich, jenes gestickte Historien-

band, Tapisserie genannt, eine Hauptsehenswürdigkeit im westlichen Frankreich.

In Bayeux hat man keine Mühe gescheut, das einzigartige Dokument von der Überfahrt der Normannen nach England und der Eroberung der Insel in seiner ganzen Länge darbieten zu können. Im Centre Guillaume le Conquérant hat man eine Treppe versetzt, Mauern eingerissen, und so betritt man heute von der Seite den großen Saal, in dem unter schwachem Licht (zum Schutz) die Menschen an den Vitrinen mit dem Wandbehang entlangschreiten, bunte Kopfhörer am Ohr, über die in mehreren Sprachen das Dargestellte erläutert wird.

Die imposante Szenenfolge ist auf grauem, festem Leinen gestickt. Beginnend mit der Vorgeschichte der Eroberung, der Entscheidung Eduard des Bekenners für Wilhelm von der Normandie, bis zum Tod des Königs, dem Verrat Harolds (der Einverständnis mit dieser Erbfolge geschworen hatte) und der Vorbereitung der Invasion. Dann landen die Normannen in Pevensey und gewinnen die Schlacht von Hastings (1066) in England. Damit endet die gestickte Geschichte. Im gleichen Jahr ließ sich Wilhelm der Eroberer zum englischen König krönen und unterwarf das ganze Land.

Als Initiator und Auftraggeber des Werkes gilt den Wissenschaftlern heute Odo von Conteville, Bischof von Bayeux, ein jüngerer Halbbruder des Eroberers. Er zeigte die Stickerei erstmals 1077 bei der Einweihung der nach einer Feuersbrunst neuerbauten Kathedrale, einem großen Fest, dem auch Lanfranc, Erzbischof von Canterbury, beiwohnte. Danach scheint das aufwendige Werk im Kirchenschatz geruht zu haben.

Im Jahr 1476 wird die kostbare Leinwand in einem Inventar des Kirchenschatzes erwähnt; 1724 entdeckt ein hoher normannischer Beamter in einem Manuskript Zeichnungen, die mit denen auf der Leinwand übereinstimmen, und nun erst führt dieses Stück gezeichneter Geschichte ein Leben, zumindest im Interesse der Wissenschaft. In den Revolutionswirren kann die Stickerei von Bayeux davor bewahrt werden, in viele Teile zerschnitten zu werden, und seit 1842 wird sie öffentlich ausgestellt. Es ist zu hoffen, daß ihr das dank der Vitrinen und der sorgfältigen Regulierung der Luftfeuchtigkeit nicht schadet.

Aber Bayeux besitzt noch andere mittelalterliche Schätze: Die Kathedrale Notre-Dame. Der Turm, die Fassade und die Krypta stammen noch von dem Kirchenbau des Odo de Conteville, haben also den Brand des Jahres 1105 überstanden. Der Mittelturm wurde im 15. Jahrhundert aufgesetzt, der Hauptaltar stammt erst aus dem 18. Jahrhundert. Im Äußeren bestimmt die normannische Gotik den Eindruck, im Inneren stehen Romanik und Gotik nebeneinander, denn die großen Arkaden sind spätromanisch, während die Linien der Fenster bereits gotisch sind. Auch in dem prachtvollen Drei-Etagen-Chor dominiert die Gotik. Das Gestühl ist normannische Arbeit aus dem 16. Jahrhundert. Den ältesten Teil der Kirche erlebt man in der niedrigen Krypta; sie vermittelt uns die Atmosphäre der heroischen Zeit unter Wilhelm dem Eroberer.

Die Eintrittskarte zum Teppich von Bayeux berechtigt auch zum Besuch des Musée Baron Gérard. Dieses kuriose Museum liegt etwas versteckt hinter der Kathedrale. Man weiß zunächst nicht, was einen erwartet: Das Personal am Eingang redet uninteressiert an den Touristen vorbei, die Säle verraten keine besondere Ordnung, und die Exponate bieten keine Sensationen. Dennoch ist man sehr bald von der Stadtgeschichte, die im Museum dokumentiert wird, gefangengenommen. Interessant sind ebenfalls die Gemälde von Italienern und Holländern, die Fayencen, das Porzellan und die Spitzen aus Bayeux.

Die Atlantikküste

Normannenland ist – wie könnte es anders sein – Land am Meer.

In den fünfziger Jahren schien es so, als sei die gute Zeit für die normannischen Badeorte vorbei (ihre große Zeit war bereits 1914 zu Ende). Damals wurde die Mittelmeerküste im Süden Frankreichs so lange von den Touristen dem Norden vorgezogen, bis die Verschmutzung des Mittelmeers die Atlantikküste doch wieder ins Blickfeld rückte.

Am Atlantik sind die Temperaturen ausgeglichener, Ebbe und Flut wirken als reinigende Kraft des Meeres, und die Orte sind nicht so stark vom Massentourismus betroffen wie die Küstenregion zwischen Nizza und Port-Leucate.

Stimmungsvolle Fischerdörfer

An der normannischen Küste zählt etwas anderes als am Mittelmeer, und es zählt mit Recht. Wer in den frühen Morgenstunden

Dieses Haus steht hoch überm Meer an der Côte de Grâce. So heißt die an Aussichten reiche Küstenregion zwischen Honfleur und Trouville.

unterwegs ist, findet den Himmel oft grau wie in Südengland. Die Wolken hängen niedrig über dem Meer, dennoch kommt das Licht sehr früh, als gäbe es geheimnisvolle Lichtquellen unterhalb der Sonne. Durch dieses Morgenlicht bahnen sich die Fischerboote ihren Weg zurück zum Hafen, in Kiellinie, denn die durch die flache Sandküste ausgebaggerte Fahrrinne ist schmal. Noch ehe man gefrühstückt hat, nimmt man am Leben der Küstenorte teil, wo der Fischfang noch immer seinen Platz hat.

Geht man dann in den Ort zurück, weil es für den Strand noch zu kühl ist, sieht man hier die großen Viviers, Glasbehälter für lebende Vorräte, in denen riesige Langusten wütend aufeinander losgehen. In den Restaurants bemühen sich die Kellner, diesen riesigen Tieren Gummibänder über die furchterregenden Scheren zu streifen (ein sehr gefährliches Geduldspiel), und vor den Reihen der Fischstände sammeln sich die ersten Hausfrauen, um *l'arrivage*, den Fang, zu begutachten, die fangfrischen Fische, die auch die Mittagskarte bestimmen. Die täglich frischen Fische sind wetterunabhängige Vorzüge der Normannenküste.

Über dem Meer hat sich die dichte Wolkendecke inzwischen gehoben, der Wind hat sich gelegt, und man kann seinen Kaffee am Strand trinken.

An den Stränden mit den bunten Badezelten ist sehr viel Platz, und erst die Flut reduziert die schier unendliche Sandfläche.

Die Einheimischen haben ihre Umkleide- und Windschutzzelte für die ganze Saison gemietet, der Gast kann sie aber auch tage- oder wochenweise mieten.

Nach einem Tag am Strand und am Meer kann der angemessene Abschluß am Abend ein Spaziergang auf den jetzt nicht mehr so dicht bevölkerten Planches, den Bretterpromenaden, sein. Der Blick wandert übers Wasser, wo am Horizont in der Ferne die Sonne langsam im Meer versinkt.

Und abends ins Spielkasino

Die bekannteste Form der Abendunterhaltung in Deauville, Trouville, Cabourg und anderen Badeorten trägt ihre Sensation klingend in sich – das Spielkasino. Und es hat nach wie vor seine Anziehungskraft. Diese Einrichtung ist im vorigen Jahrhundert zuerst im deutschen Bad Homburg entstanden, sie hatte ihren Höhepunkt in Monte Carlo und öffnete ihre Pforten, vor allem in Deauville, einer Gesellschaft, die es heute nicht mehr gibt: Den Neureichen der Belle Époque, die Anfang dieses Jahrhunderts diese Seebäder für sich entdeckt hatte. Ob man daran nun Gefallen findet oder nicht, ob man darüber lächelt oder sich daran stößt, so steht doch fest, daß die vielgestaltige Kultur dieser großen europäischen Badeorte dazu beiträgt, daß die Normandie mehr ist als ein »Obstgarten mit Sandstrand«, wie ein Slogan des amtlichen französischen Verkehrsbüros lautete.

Küste der Pariser

Die noch gar nicht so lange Zeit voll funktionsfähige A 13, die Autobahn von Paris nach Caen, mit Stichbahnen nach Deauville und Trouville, hat den Weg aus der Metropole Frankreichs an die Strände und zu den Attraktionen in den exklusiven Badeorten außerordentlich verkürzt und vor allem mühelos gemacht.

Der an seine hektische Stadt gewöhnte Pariser entspannt sich schon auf dem Weg nach Westen, und die Orte an der Atlantikküste können die Besuchermengen mühelos auffangen. Und das ist auch gut so, denn der Strom der Besucher könnte, wenn er sich über die gesamte Normandie verteilen würde, so manches der reizvollen kleinen, alten Dörfchen gefährden und vielen der schönen Landschaften ihren bis heute beinahe paradiesischen Frieden rauben.

Etretat an der Steilküste des Pays de Caux ist berühmt wegen seiner eindrucksvollen Klippen. Der Schriftsteller Alphonse Karr schrieb einmal, wenn er einem Freund das Meer zeigen müßte, dann würde er das bei Etretat tun.

Am breiter Strand von Deauville leuchten die bunten Sonnenschirme und Badezelte. In den zwanziger Jahren Modebad der Aristokratie, des Geldadels und der Prominenz, hat Deauville bis heute nichts von seiner Attraktivität und Exklusivität eingebüßt.

Badeleben an der Côte Fleurie. Westlich von Deauville setzt sich die flache Sandküste fort und bietet auch hier in Villers-sur-Mer den Sonnenhungrigen ideale Bedingungen für einen Badeurlaub.

Das 1912 eröffnete
Kasino von Deauville
zeugt von der großen
Zeit des Modebades.
Gegründet wurde der
Ort 1860 auf Initiative
des Herzogs von Morny,
eines Halbbruders des
Kaisers Napoleon III.

Die Terrasse des vorneh-
men Hotels Normandy
in Deauville. Es stammt
ebenfalls aus der
Zeit um die Jahrhundert-
wende, und seine Ge-
schichte ist eng mit dem
Geschäftsmann Eugène
Cornuche verbunden.

An der alten Fachwerkmühle in Veules-les-Roses fließt die Veules vorbei (links). Die reetgedeckte, originalgetreu restaurierte Anlage ist typisch für die ländlich-normannische Bauweise, ebenso wie das romantisch verwinkelte Haus in Vancottes (oben), das allerdings wegen der Brandgefahr heute mit Schiefer gedeckt ist.

Nachfolgende Doppelseite:
Der Manoir d'Ango bei Varengeville-sur-Mer ist ein beliebtes Ausflugsziel. Der Reeder Jean (Jehan) Ango ließ ihn von 1533 bis 1545 im Stil der Renaissance von italienischen Baumeistern errichten.

An der Côte de Grace trifft der Besucher auf diesen von üppigen Hortensienbüschen eingerahmten Fachwerkbau (oben) und den burgartigen Manoir (rechts), der zwischen den Orten Honfleur und Deauville errichtet wurde.

Nachfolgende Doppelseite: Den Mittelpunkt des Strandes von Cabourg bildet der mächtige Komplex des 1862 erbauten Grandhotels. Das Zimmer 414, in dem der Dichter Marcel Proust bei seinen zahlreichen Aufenthalten in Cabourg wohnte, ist noch orginalgetreu möbliert und bei den Gästen sehr begehrt.

*Vom Ende des Holzstegs
an der Hafenausfahrt
von Trouville kann man
die ein- und auslaufen-
den Fischerboote
und Schiffe beobachten.*

*Trouville ist neben
Deauville der bekann-
teste Badeort an der Côte
Fleurie. Hohe, schmale
Häuser drängen sich
an dem Hang, der zum
Hafen hin abfällt.
In den Seitengassen
befinden sich gemütliche
Fischrestaurants.*

Die Ausbeute des täglichen Fangs wird überall an der Küste auf den Märkten verkauft. Ob Austern oder Krebse, Garnelen oder Fisch – an den Marktständen von Trouville (beide Abbildungen) fällt dem Fischliebhaber die Wahl bestimmt schwer.

Honfleur kann auf eine
große Vergangenheit als
Handelsplatz für Waren
aus aller Welt zurück-
blicken. So manches
Stück, das Seefahrer und
Reisende mitgebracht
haben, ist heute im
Trödelladen gelandet
(links). Kunstgalerien
(oben) erinnern daran,
daß die Hafenstadt
früher eine Hochburg der
Malerei gewesen ist.

*Das malerische Honfleur
hat seit Generationen
Maler und Literaten
fasziniert. In den Gassen
der Altstadt ziehen heute
zahlreiche Cafés und
Restaurants die Urlaubs-
gäste an.*

Eine Weinhandlung in
Honfleur: In der Nor-
mandie erwarten den
Besucher auch besondere
kulinarische Genüsse.
Neben dem Camembert
gehören Cidre und
Calvados zu den Spezia-
litäten dieser Region.

*Die Fassade der Eglise
St-Jacques in Dieppe.
Mit dem Bau der größten
Kirche des Seebades,
das besonders gern von
Engländern besucht wird,
wurde im 12. Jahrhun-
dert begonnen.*

*Prunkstück der Fuß-
gängerzone von Rouen
ist das Uhrentor (Gros
Horloge) mit seinem
Renaissancebogen. Das
1527 entstandene Tor
ist reich mit Skulpturen
geschmückt, die sich bis
unter die gewölbte Decke
im Durchgang ziehen.*

Die Rue Damiette in
Rouen, der größten Stadt
der Normandie, wird von
alten, liebevoll restaurierten Fachwerkhäusern
gesäumt. Im Hintergrund
ist der im Flamboyantstil
errichtete Turm der
Kirche St-Ouen, mit
deren Bau Anfang des
14. Jahrhunderts be-
gonnen wurde, zu sehen.

Das Portal der Kirche
St-Maclou in Rouen. Das
Bauwerk entstand in nur
80 Jahren (ab 1437) und
zeigt reine Flamboyant-
gotik, die schon erste An-
zeichen der Renaissance
erkennen läßt.

Nachfolgende
Doppelseite:
Blick auf Le Tréport, das
lebhafte Küstenstädtchen
an der Mündung der
Bresle. Im Stadtbild
dominieren die weißen
Kreidefelsen (Bildmitte).

61

*Ein vielbesuchtes Bau-
denkmal in Jumièges
sind die Ruinen einer der
bedeutendsten Abteien
aus der Zeit der Wikin-
ger. Im Jahr 1067 wurde
die Kirche Notre-Dame
in Anwesenheit von
Wilhelm dem Eroberer
geweiht. Die imposante
Ruinenanlage steht heute
unter Denkmalschutz
(beide Abbildungen).*

Die Normandie beginnt offiziell bei Vernon, einem Ort an der Seine. Hier steht auch eine heute restaurierte Wassermühle, die bis ins 17. Jahrhundert noch in Betrieb war.

Hoch über der Seine, die in Mäandern im Tal dahinfließt, liegt Château Gaillard. Richard Löwenherz, der normannische Herzog und englische König, ließ die Burg in nur einem Jahr Bauzeit errichten. Mit der Wehranlage wollte er das Flußtal als Zugang zur Normandie abriegeln.

Der Garten von Claude
Monet (beide Abbildun-
gen) bei seinem Haus in
Giverny, in das täglich
unzählige Besucher strö-
men. Im Garten findet
man nicht die klassische
französische Garten-
kunst, sondern hier darf
die Natur üppig wuchern.
Diese Landschaft ist
auf vielen Gemälden des
großen Malers wieder-
zuerkennen.

Château Beaumesnil liegt westlich des Tals der Risle. Es ist eines der schönsten Schlösser in der Normandie. Umgeben von einer großen Parkanlage, wurde es 1633 bis 1640 im Louis-treize-Stil errichtet.

Das anmutig wirkende Château d'O steht im Dörfchen Mortrée zwischen Argentan und Sées. Es ist von einem Wassergraben umgeben und zeigt in seiner Architektur den Übergang vor der Gotik zur Renaissance.

Auf dem Gestüt Haras du Pin finden in der zweiten Jahreshälfte die Präsentationen der hier gezüchteten Pferde statt. Das Gestüt, das östlich von Argentan liegt, hat François Mausart geplant und 1715 in Hufeisenform errichtet.

Sées liegt im Norden des
Parc Naturel Régional
Normandie-Maine.
Wenn man sich der Stadt
nähert, sieht man schon
von weitem die beiden
schlanken Türme der
Kathedrale (oben). Die
ursprünglich an dieser
Stelle errichtete Kirche
wurde mehrmals zerstört;
der jetzige Bau geht auf
das 13. Jahrhundert
zurück. Die Blendbogen-
reihen im Mittelschiff
sind hervorragende Bei-
spiele der normannischen
Gotik (rechts).

Obstblüte im Pays d'Auge (beide Abbildungen). Dieser Landstrich, der sich von der Küste bei Deauville ins Landesinnere bis nach Vimoutiers erstreckt, ist das Bauernland der Normandie. Hier gibt es nur Dörfer und Kleinstädte, und auch Lisieux, die Hauptstadt des Pays d'Auge, zählt nur etwa 25 000 Einwohner.

Die Burganlage von
Falaise mit ihren 16 Tür-
men stammt aus dem
12./13. Jahrhundert.
Falaise, das zu Füßen der
Normannischen Schweiz
liegt, ging als Geburtsort
Wilhelms des Eroberers
in die Geschichte ein.

Der mächtige Manoir de
Coupesarte im Pays
d'Auge ist auf drei Seiten
von Wassergräben um-
geben. Eine Besichtigung
des Gebäudes ist nicht
möglich.

Der zentrale Fluß der
Normannischen Schweiz,
die Orne (oben), ent-
springt in den Hügeln der
Perche. Auf dem Weg
zum Ärmelkanal hat die
in Mäandern fließende
Orne (links bei Clécy)
mit ihren Nebenflüssen
das Bild der Landschaft
nachhaltig geformt

Gegründet von Wilhelm
dem Eroberer, ist Caen
heute Hauptstadt des
Départements Calvados.
Die Kirche St-Pierre, die
zwischen dem 13. und
16. Jahrhundert entstan-
den ist, präsentiert sich
eindrucksvoll im Flam-
boyantstil. Hier ein Blick
vom Schloß in Caen auf
die Kirche.

*Die Abbaye aux Hommes
in Caen ließ Wilhelm
der Eroberer errichten. In
der zugehörigen Abtei-
kirche St-Etienne erinnert
eine Steinplatte daran,
daß er hier im Jahr 1087
beigesetzt wurde.*

Eine schattige Allee im Schloßgarten des Château Mezidon-Canon südwestlich von Falaise.

In Varengeville-sur-Mer
südwestlich von Dieppe
befindet sich das
berühmte Herrenhaus
Manoir d'Ango. Benannt
ist es nach seinem Bau-
herrn Jean Ango, der als
Reeder, später als Gou-
verneur von Dieppe
zu Ruhm und Reichtum
gekommen ist.

*Das idyllische Dörfchen
Beuvron-en-Auge liegt
etwa 16 Kilometer von
der Küste entfernt, süd-
lich von Cabourg. Seine
zahlreichen historischen
Fachwerkbauten stehen
unter Denkmalschutz.*

*Das Château Crèvecœur-
en-Auge liegt zwischen
Lisieux und Caen im
Pays d'Auge. Die Anlage,
zwischen dem 11. und
dem 16. Jahrhundert ent-
standen, besteht aus
mehreren Gebäuden,
deren senkrecht verlau-
fendes Fachwerk mit
einer gelblich getünchten
Lehm- und Strohmasse
gefüllt ist.*

Szenen von der Fête du
Moulin Mercy in der
Nähe von Bayeux, bei
der noch die Arbeits-
weisen der traditionellen
Handwerke gezeigt
werden (oben). Typiscn
für die Alltagstracht sind
unter dem Kinn gebun-
dene Baumwollhauber·
und Holzschuhe (links).

*Arromanches-les-Bains
ist durch die Landung
der Alliierten im Zweiten
Weltkrieg berühmt ge-
worden. Hier ragen noch
die am 9. Juni 1944 von
den Alliierten installier-
ten Wellenbrecher und
Landungseinrichtungen
aus dem Meer.*

Nahe Bayeux befindet sich im Wald von Cérisy das Château Balleroy. Im Inneren des 1626 im Stil Louis-treize errichteten Schlosses ist ein Ballonmuseum untergebracht, das weltweit das einzige seiner Art ist.

Die ehemalige Eglise von Thaon im Hinterland von Courselles-sur-Mer: Die romanische Kirche, die im 11. Jahrhundert entstand, liegt versteckt hinter Bäumen.

Nachfolgende Doppelseite: Auf den Grundfesten einer Burg aus dem 11. Jahrhundert wurde im 15. und 16. Jahrhundert das Schloß Fontaine-Henri errichtet.

Das im 12. Jahrhundert
entstandene Château
Creully liegt im Tal der
Seulles, im Osten von
Bayeux. Im Zweiten
Weltkrieg unterhielt
die englische BBC hier
ein Sendestudio.

Das Innere der Kathedra-
le von Bayeux, in deren
Hauptschiff Romanik
und Gotik unmittelbar
aufeinandertreffen.

Nachfolgende
Doppelseite:
Blick auf den Hafen von
Port-en-Bessin, ein
Fischerdörfchen an
der Calvadosküste.

*Barfleur im Nordosten
des Cotentin: Hier kann
der Besucher frische
Erzeugnisse aus Garten-
bau (links) und Fischerei
(oben) einkaufen.*

An der nordwestlichen
Spitze der Normandie
liegt das Cap de la
Hague mit seinem
Leuchtturm. Von hier
aus ist bei gutem Wetter
die englische Kanalinsel
Alderney zu sehen.

Die Landspitze Pointe de Barfleur in der Nähe des gleichnamigen kleinen Fischer- und Bade- ortes ist allabendlich ein Treffpunkt der Angler.

Blick auf das Cap de la Hague mit der kleinen Bucht: Niedrige Mauern aus Feldsteinen wurden hier als Begrenzung der Wiesen aufgeschichtet.

Die verwitterte Kirche von Brucheville mit ihrem 800 Jahre alten Turm steht inmitten der Grabkreuze des örtlichen Friedhofes. Sie befindet sich nordöstlich von Carentan, das auch gern als Tor zum Cotentin bezeichnet wird.

Cap Ley im Nordwesten
der Normandie: Mit
Flechten bewachsene
Steine und vom Wind
zerzauste Wiesen bestim-
men das Bild dieser
herben Landschaft.

Im Frühjahr verwandelt sich die Küste bei Ecalgrain in ein üppig blühendes Ginstermeer.

Die rauhe, wildzerklüftete
Nase von Jobourg, die
sich südlich des Cap de la
Hague 128 Meter über
dem Meer erhebt, ist ein
guter Aussichtspunkt.

Die Kathedrale Notre-Dame in Coutances ist ein prachtvoller Bau der Hochgotik in ihrer reinsten und elegantesten Form. Der Schriftsteller Victor Hugo stufte das Meisterwerk als gleichbedeutend mit der Kathedrale in Chartres ein.

Bereits um 1050 wurde die Benediktinerabtei von Lessay gegründet, um die später der gleichnamige Ort entstand. Die im Krieg zerstörte romanische Kirche ist vorbildlich wieder aufgebaut worden.

In der Kathedrale von Coutances. Kraftvoll und leicht zugleich strebt das mächtige Vierungsgewölbe in die Höhe.

*Abendstimmung im
Hafen von Granville:
Hier liegt das Geschäfts-
zentrum der Stadt, hier
legen die Fährschiffe
zu den Chausy- und den
Kanalinseln ab.*

*Die historische Oberstadt
von Granville, die gänz-
lich von einer Wehrmau-
er umgeben ist, wird von
der Kirche Notre-Dame
überragt. Der Bau aus
Granitsteinen entstand
zwischen dem 15. und
dem 18. Jahrhundert.*

*Nachfolgende
Doppelseite:
»Monaco des Nordens«
wird Granville an der
Westküste der Halbinsel
Cotentin genannt. Seine
Oberstadt liegt auf einem
Felsensporn, den die
Engländer bereits im
15. Jahrhundert befestig-
ten, um von hier den
Mont Saint-Michel an-
greifen zu können.*

117

Der Mont Saint-Michel (rechts) im äußersten Südwesten der Normandie ist ein nationales Denkmal. Weithin sichtbar krönt das Kloster, dessen Schutzpatron der heilige Michael (Statue im Bild oben) ist, den 70 Meter hohen Felsen. Seit tausend Jahren kommen die Pilger hierher.

NORMANDIE

Ärmelkanal

Cap de la Hague
Goury
Urville
Querqueville
Gatteville
Vauville
Tourlaville
Barfleur
Biville
Landemer
Cherbourg
Cap de Flamanville
St-Vaast-la-Hougue
Valognes
Bricquebec
Ste-Mère-Église
Carteret
Barneville-Carteret
Utah Beach
La Haye-du-Puits
Bruceville
Omaha-Beach
Lessay
Carentan
Port-en-Bessin
Pirou
Bayeux
Arromanches
Coutainville
Coutances
Balleroy
Caen
Montmartin
Hambye
St-Lô
Bréhal
Abb. de Hambye
Villedieu-les-Poêles
Granville
Condé
Vire
Saint-Pair
Julliouville
Clécy
Falaise
Genêts
Avranches
Flers-de-l'Orne
Pontaubault
Le Mont-St-Michel
Pont d'Ouilly
Pontorson
Domfront
Putanges
Argentan
Château d'O
Mortrée
Sées
Bagnoles-de-l'Orne

Côte du Calvados
D-Day-Strände
Honfleur
Fontaine-Henry
Ouistreham
Riva-Bella
Cabourg
Côte Fleurie
Trouville
Deauville
Dives-sur-Mer
Pont-l'Evêque
Crèvecœur
Lisieux
Livarot
Vimoutiers
Camembert
Haras du Pin

Fécamp
Yoort
Etretat
Angerville
Daubeuf
Gommerville
Bolbec
Le Havre
Tancarville
Pont Audemer
Corneville
Le Bec-Hellouin
Brionne
Bernay
Beaumesnil
Le Neubourg
L'Aigle

Le Tréport
Berneval-sur-Mer
Puys
Eu
Dieppe
Bracquemont
Varengeville-s-Mer
Miromesnil
Veules-les-Roses
Neufchâtel-en-Bray
Caudebec-en-Caux
Rouen
Gournay-en-Bray
Jumièges
Vascœuil
Gisors
Les Andelys
St-Clair-sur-Epte
Louviers
EURE
Vernon
Giverny
Evreux

MANCHE
CALVADOS
Normannische Schweiz
Pays d'Auge
ORNE
Mortagne-au-Perche

JERSEY

ILLE-ET-VILAINE
Fougères
Couesnan
MAYENNE
Alençon
SARTHE
Laval
Le Mans

EURE-ET-LOIRE
Chartres

Seine
Dives
Orne
Vire
Douve
Risle
Iton
Bresle

NORMANDIE
Paris
FRANKREICH
ATLANTIK
MITTELMEER
Rhein
Loire
Seine
Rhône

Durch die Normandie

Gebirgskämme ziehen Grenzen, Täler und Ebenen öffnen sich. In einem Land wie der Normandie, das selten über 300 Meter ansteigt, ist die Zahl der möglichen Rund- und Stichfahrten, der Besichtigungs- und Vergnügungstouren schier unbegrenzt, denn bei den Franzosen sind auch noch die kleinsten Wege und Sträßlein asphaltiert. Und da vor allem auf den Nebenstraßen nur wenige Autos unterwegs sind, genießen die Besucher in der Normandie ein Fahrvergnügen, wie es selbst in Frankreich nur noch in wenigen Landschaften möglich ist.

Côte d'Albâtre – die Alabasterküste

Die malerische Küste der nördlichen Normandie ist mit verschiedenen wohlklingenden Namen bedacht worden: Alabasterküste (Côte d'Albâtre), Steilküste der Staffeleien, Malerpfad und noch manche Bezeichnungen mehr.

Die Grenze der Normandie zum Département Somme zieht die Bresle, wenn das Flüßchen auch ziemlich unbekannt ist. Das hier liegende Schloß von Eu aber, das vor allem bei den britischen Besuchern beliebt ist, kann beinahe schon als Höhepunkt am Anfang einer Küstenfahrt bezeichnet werden. Der Normanne Rollo ließ hier, an der alten Grenze zur Pikardie, einen ersten furchterregenden Verteidigungsturm errichten.

Das Schloß von Eu

Wir nähern uns der vielschichtigen Vergangenheit von so großen Adelshäusern wie Flandern, Artois, Guise oder Orléans am besten in jenem Schloß, das Henri, Herzog von Guise, 1578 zu bauen begann. Zehn Jahre später ließ ihn König Heinrich III. in Blois ermorden, und die Herzoginwitwe wählte Eu zu ihrem Alterssitz. 1661 erwarb La Grande Mademoiselle, jene schöne Frau aus dem Hause Orléans, die so reich war, daß der Sonnenkönig ihr jede Ehe verbot aus Sorge um ihre vier Herzogtümer, ihre 20 Millionen Goldfranken, Grafschaften und sonstigen Besitztümer, Schloß und Herrschaft Eu. Und als sie sich mit dem Wüstling Lauzun über dieses Unglück hinwegtröstete, ließ Ludwig XIV. ihren Geliebten so lange einkerkern, bis sie ihn mit einem großen Teil ihres Vermögens freikaufte.

Das *Schloß von Eu* gehört inzwischen nicht mehr der Familie Orléans, und man kann es besichtigen. Es informiert nach zahlreichen Umbauten heute vor allem über die erste Hälfte des vorigen Jahrhunderts, als es der Lieblingsaufenthaltsort des Bürgerkönigs Louis-Philippe I. war.

Das nach den Plünderungen der Revolution wiederhergestellte Schloß zeigt uns, wie man sich um 1820 das 17. Jahrhundert vorstellte. Es gibt lange Galerien mit Jagdtrophäen, reich kassettierte Decken und erbarmungslos zerschnittene Gobelins, mit denen man die Wände tapeziert hat. In diesem Rahmen, prächtig und überladen, empfing Louis-Philippe 1843 erstmals Königin Victoria von England. Ganz Frankreich jubelte über ein Ereignis, von dem es sich nach 1000 Jahren häufiger Kriege zwischen Frankreich und England endlich eine dauerhafte Versöhnung beider Länder erhoffen durfte.

Auch die *Kollegiatkapelle* südöstlich des Schlosses verrät den Übereifer der Restauration, sie birgt aber die schönen *Marmor-Mausoleen* des Herzogpaares von Guise. Näher am Schloß befindet sich die sehenswerte *Eglise Notre-Dame-et-Saint-Laurent* Das Gotteshaus ist reich an Kunst aus dem 15. und 16. Jahrhundert, es ist vor allem aber, als eines der frühesten Beispiele normannischer Gotik aus dem 13. Jahrhundert, ein Kleinod, dem auch die Restauratoren den gebührenden Respekt erwiesen haben. Die etwa 100 Jahre ältere *Krypta* ist überhaupt gänzlich unverändert, sie ist eine vollständige Unterkirche mit einem einzigartigen gotischen Statuenschmuck.

In der Umgebung von Schloß und Kirche bietet sich die seltene Gelegenheit, 40 Kilometer an der Bresle durch den Wald zu fahren; ein abwechslungsreiches Gehölz von über 11000 Hektar, für dessen Schönheit und Ausdehnung sich unsere Sinne heute wohl geschärft haben. Die andere Möglichkeit bietet **Le Tréport**, als Seehafen bereits für die Römer die Ergänzung zum Flußhafen Eu, als Seebad eines der jüngsten an der Küste, die sich hier zur Abwechslung Côte d'Opale nennt. Für die großen Marinemaler des vorigen Jahrhunderts war Le Tréport die nördlichste Freiluftstation, aber auch eine der ersten Entdeckungen, denn Richard Parkes Bonington und Eugène Isabey malten hier schon 1825, Johan Berthold Jongkind folgte 1850 um die Jahrhundertwende kamen Alfred Stevens und Paul Signac.

Berneval-sur-Mer bietet vor allem bei Ebbe, wenn die Felsenbänke frei liegen, einen malerischen Anblick. **Bracquemont** ist eine kleine, sehr reizvolle Stadt auf einer Klippe von 86 Meter Höhe mit einer winzigen, aber sehenswerten Kirche, dazu altergrauen und bisweilen ärmlich wirkenden Häusern und Mauern.

Manoir d'Ango, zwischen 1533 und 1545 für Jehan Ango errichtet, liegt bei Varengeville-sur-Mer.

Varengeville liegt wenige Autominuten auf der D 15 westlich von Dieppe und war schon vor Jahren mehr ein Villenvorort der Hafenstadt als ein geschlossenes Dorf. Die Verbauung hat sich leider intensiviert, doch sind Kirche, Friedhof und Hochuferlage in ihrem Gesamteindruck erhalten geblieben, wobei es keine Rolle spielt, ob dies für den berühmten Jehan Ango geschah, dessen imposantes Herrenhaus zwischen Varengeville und Dieppe südlich der D 15 liegt, oder für den Maler Georges Braque, der den kleinen Friedhof von Varengeville als seine letzte Ruhestätte wählte.

Das Taubenhaus des Manoir d'Ango im türkischen Stil.

Auch **Puys** zwischen seinen beiden Klippen ist wieder aufgebaut. Alexandre Dumas der Jüngere war Gründer des Ortes in Erinnerung an seinen 1870 hier verstorbenen Vater. Da der Autor der »Kameliendame« ganz Paris der Belle Époque kannte, fanden sich bald Künstler und Schriftsteller in Puys ein, das – nach Ansicht der Lokalhistoriker – seit der Steinzeit bewohnt gewesen ist und später ein Römerlager wurde.

Die Hafenstadt Dieppe

Die Einfahrt nach Dieppe ist kompliziert, aber pittoresk: Man überquert zwei Hafenbecken, ehe man, im dichten Verkehrsstrom, hinaus an den Boulevard de Verdun gelangt, an dem die Hotels sich aneinanderreihen. Man wohnt hier angenehm, mit freiem Blick aufs Meer, wenn auch die Straße vor den Hotels ziemlich verkehrsreich ist.
Die Geschichte von **Dieppe** ist eines der wenigen maritimen Ruhmesblätter der Franzosen. Stellte das bretonische Saint-Malo die großen Korsaren, die Stadt Honfleur die großen Entdecker, so kam aus Dieppe, dem Seebad mit einer langen Seefahrertradition, der größte Reeder Frankreichs, der hier eine Seefahrerschule und Pilotenakademie gründete: Jehan Ango (1480–1551).

Ein weiterer Besitz des Jehan Ango begrenzt unübersehbar den Strandstreifen. *Le Château* liegt hier wuchtig, wie es einem Bau aus dem 14. Jahrhundert geziemt, der selbst den fürchterlichen Stadtbrand während der holländisch-britischen Beschießung von 1694 überstand. Für einen der nicht ganz seltenen Regentage empfiehlt sich der Besuch eines interessanten *Museums*, in dem von den Schiffsmodellen bis zu peruanischen Vasen aus der Zeit vor den großen Entdeckungen manches zu sehen ist, was die Seefahrer mitbrachten. Besonders kurios sind die in ostasiatischen Techniken hergestellten Miniaturen aus Elfenbein. Vergleichsweise klein ist die Gemäldesammlung, bedenkt man, daß Dieppe in der zweiten Hälfte des vorigen Jahrhunderts gleichsam die Hauptstadt der Landschaftsmalerei war und fast alle großen Meister der Epoche hier gearbeitet haben.

Varengeville und Schloß Miromesnil

Von den vielen Ausflügen, die man von Dieppe aus unternehmen kann, entweder die Küste entlang oder in den Flußtälern südwärts, sind zwei besonders empfehlenswert: Ein Kurzausflug ans Meer nach Varengeville und eine Besichtigung von Schloß und Park Miromesnil.

Neben der mit ihren ältesten Teilen ins 12. Jahrhundert zurückreichenden kleinen Kirche in Varengeville ist der Friedhof Versuchung für melancholische Gemüter. Das Herrenhaus *Manoir d'Ango*, im italienischen Renaissancestil errichtet, kann besichtigt werden.
Leichter als die nur dürftig bezeichnete Kirche in Varengeville ist der *Parc Floral Le Bois*, der Botanische Garten von **Moutiers**, zu finden, der um die Jahrhundertwende auf dem Gelände eines ausgedehnten Eichenwaldes angelegt worden ist.
Der zweite Ausflug führt uns zu *Schloß Miromesnil*, acht Kilometer südlich von Dieppe, zwischen den nordwärts fließenden friedlichen Bächen

Sée und Varenne in üppigem Grünland gelegen. Die zu grünen Wänden aufgewachsenen Baumbestände rund um das Schloß zählen zu den schönsten Frankreichs, das Schloß selbst wirkt eher großbürgerlich mit seinen bieder-dauerhaften roten Steinen und der ein wenig konventionellen, aber zweifellos sehr praktischen Anlage. Das erste Schloß auf diesem Grund hatte dem Mundschenk Ludwigs XI. gehört; der heutige Bau stammt von einer erst 1592 geadelten Familie.

Obwohl in Privatbesitz, kann das Schloß in nachmittäglichen Führungen besichtigt werden, und die für die Franzosen dabei wichtigste Frage lautet: Ist der Schriftsteller Guy de Maupassant (1850–1893) nun tatsächlich hier geboren worden oder in Fécamp? Hat er in einem Ankleideraum des Schlosses in der ersten Etage des linken Turms an der Parkfassade das Licht der Welt erblickt oder vielleicht in der Rue Sous-le-Bois des hübschen Badeortes Fécamp, die heute deshalb Quai Guy de Maupassant heißt?

In jedem Fall scheint er seine früheste Kindheit auf Miromesnil verbracht zu haben. Und er wurde auch in der Kirche von Tourville-sur-Arques getauft, der Pfarre, zu der das Schloß gehört. Erst danach brachten ihn seine unsteten Eltern nach Rouen, Fécamp und Etretat, zugegeben gleichermaßen schönen Orten, mit denen die lebenslange Normandiereise dieses eigenartigen und noch immer unterschätzten Erzählers begann.

Während im Hinterland nur noch das *Schloß von Cany* sehenswert ist, ein Stein- und Ziegelbau mit malerischen Wasserflächen im Tal des Durdent, bietet die Küste nun ihre Trümpfe mit traditionsreichen Uferorten wie Fécamp und Etretat.

Der Klosterort Fécamp

Als einer der ältesten Klosterorte an dieser Küste, als Residenz der Herzöge der Normandie (bis 1204) und als größter Stockfischhafen Frankreichs spielte **Fécamp** bis vor 100 Jahren eine große Rolle. Es ist ein Städtchen, das durch einen ausgedehnten galloromanischen *Friedhof* sogar die Althistoriker entzückte und beschäftigte. Es ist darum wohl auch Ausdruck echter Bedeutung, wenn die *Abbatiale de la Trinité*, ein Prachtbau aus der frühen Gotik, die Abmessungen einer Kathedrale aufweist. Sie erinnert an ihre eigene Geschichte auch durch ein großes Relief aus dem 15. Jahrhundert, das Wilhelm Langschwert zeigt, wie er dem Wiederaufbau der Kirche beiwohnt. Die Kirche bietet dem Besucher viel, vor allem

Auf Château Miromesnil (17. Jahrhundert) soll der Schriftsteller Guy de Maupassant geboren worden sein.

auch Raum zum geruhsamen Besichtigen der Grabmäler und Grabplatten sowie der Reliquien des Kostbaren Blutes, weswegen noch immer viele Gläubige nach Fécamp pilgern.

In dem Gotteshaus lebt die Erinnerung an die Herzöge der Normandie fort, an Richard I. und Richard II., denen die Stadt Fécamp so viel zu verdanken hat. In der *Kapelle der hl. Jungfrau*, die aus dem 15. Jahrhundert stammt, sind später ausgeführte Holztäfelungen und Fenster aus dem 13. Jahrhundert erhalten geblieben.

Man kann sich das Eigenleben dieser alten Stadt nicht vorstellen, wenn man sie nur im Sommer besucht, diese »kleine Stadt, die dauernd vom Wind heimgesucht wird, dazu vom Nebel und von Regenböen, eine Stadt, deren Pflaster mit Muscheln untermischt ist und stets feucht glänzt und deren Kamine einen Rauch ausstoßen, der den Geruch des Herings weit hinein ins Land trägt«, wie sie Guy de Maupassant in »Pêcheuses et Guerrières«, 1887, beschrieben hat.

Daran zu denken ist wichtig, wenn man die steilen Gassen durchwandert, in denen heute ein ganz anderes Leben herrscht als zu Maupassants Zeiten. Vor allem hinter den Resten des Herzogpalastes und den hochragenden Mauern der Kirche haben sich altertümliche Gassen erhalten

wie etwa die Rue Arquaise, die Rue de l'Hôpital und die Rue des Forts. Erinnerungsstücke an das alte Fécamp finden sich auch in Nummer 21 der Rue Alexandre-le-Gros, einem Stadtpalais aus dem 18. Jahrhundert. Stifter der meisten der hier ausgestellten Stücke war der Bauunternehmer Leroux, der jedesmal, bevor er ein Gebäude abreißen ließ, darin nach Erhaltenswertem suchte und so schließlich der Stadt 1952 eine wertvolle Sammlung übergeben konnte. Kostbarste Stücke sind die Porträtzeichnungen aus dem 16. Jahrhundert und alte Stadt- und Baupläne.

Es ist nicht verwunderlich, daß auch die Umgebung von Fécamp viele Maler, hauptsächlich Impressionisten, angezogen hat. Berthe Morisot war 1873 mit ihrer Schwester hier; Monet und Jongkind besuchten den Ort, und Delacroix kam oft zu seinen Vettern Bataille, damals Eigentümer einiger Gebäude im Komplex der Abtei von Valmont, elf Kilometer von Fécamp entfernt.

Bizarre Felsenküste bei Etretat

Etretat liegt an einem Knick der Küste und ist von Fécamp aus auf zwei Straßen erreichbar. Die D 211, die in die D 11 überleitet, ist dabei unstreitig die bei weitem lohnendere Strecke. Jedes

Abendstimmung in Etretat. Seine spektakuläre Steilküste hat diesen Ort weltberühmt gemacht.

der malerischen Örtchen, die wir auf dem Weg passieren, hat inzwischen seinen Namen unter Touristen, aber auch in der Kunstgeschichte und als Wohnsitz oder Lieblingsort der Berühmten des vorigen Jahrhunderts.

Der Strand zwischen den bekannten Klippen von **Etretat**, der *Falaise d'Amont* im Nordosten und der *Falaise d'Aval* im Westen, ist uns aus zahllosen Gemälden und von noch mehr Fotografien bekannt. Alphonse Karr, Schriftsteller und Journalist, der im letzten Jahrhundert lebte, hat von Etretat gesagt, wenn man jemandem das Meer zeigen wolle, so müsse man ihn hierher führen.

Die Wirkungen dieser Stadt sind also nicht so ohne weiteres zu erfassen oder gar zu erklären. Sie hatte ihre mondäne Phase, dann kam sie aus der Mode und wurde später wiederentdeckt. Auf kurzen Fußwegen kann man die beiden Klippen erreichen, die Aussichtspunkte, den *Leuchtturm* auf dem Cap d'Antifer und, nicht zu vergessen, *Notre-Dame*, das Kirchlein der Seefahrer, das auf der Falaise d'Amont liegt.

Wie andere Orte mit bekannten Stränden klagt man auch in Etretat heute darüber, daß sein hübscher Stadtkern nur wenig beachtet wird. Hier kann die Rekonstruktion der großen alten *Markthalle* als geglückt bezeichnet werden.

Die Kirche *Notre-Dame-de-la-Garde* liegt am grünen Ostrand der Stadt; sie hat ein romanisches Portal und ist auch in ihrem Inneren romanisch geprägt. Zwei Statuen aus dem 12. Jahrhundert zeigen, daß die einst zu Fécamp gehörende Gemeinde nicht erst seit Künstler sie berühmt gemacht haben von Bedeutung ist; hier hatte das Christentum schon früh eine Stätte am Meer.

Den schönsten Ausflug von Etretat kann man zu Fuß machen: Von der Falaise d'Amont und dem Fliegerdenkmal (es erinnert an zwei Piloten, die noch vor Charles Lindbergh den Atlantik überfliegen wollten und dabei verschollen sind) führt der Weg nach Nordosten, drei Kilometer sind es bis in die kleine Villensiedlung **Bénouville** mit dem Aussichtspunkt *Valleuse du Curé*.

Ein Ausflug ins Hinterland

Die Eindrücke der Küstenfahrt von Eu oder von Dieppe nach Etretat lassen sich eigentlich durch nichts übertreffen. Aber man kann sie durch einen Ausflug ins Hinterland ergänzen, und zwar auf der ungefähren Trasse der einstigen Römerstraße, die von Etretat nach Illebonne unweit des Nordufers der Seine führte. Östlich und westlich von dieser Hauptrichtung liegen einige Schlösser,

deren Besuch sehr lohnend ist und die uns einen bemerkenswerten Kontrapunkt zu der Fischerzivilisation an der Küste liefern.

An der D926, bei Goneville, liegt *das Château d'Aubeuf*, ein komfortabler Bau aus dem 17. Jahrhundert, aber auf einem Grund errichtet, der seit dem 13. Jahrhundert im Besitz der Familie Aubert, Seigneurs d'Aubeuf, ist. Wir haben es also mit dem hellen und prächtigen Wohnschloß einer alten Familie zu tun, deren Vermögen aus sehr verschiedenen Quellen stammte. Einige der Herren waren Gouverneure von Dieppe, andere hatten geistliche Würden, und René Aubert, Abbé de Vertot, machte sich sogar einen Namen als Geschichtsschreiber des Malteserordens.

Das Schloß besticht durch sein stilvolles lichtes Treppenhaus und sein Mobiliar. Das Empirezimmer des durch seine Louis-Seize-Möbel berühmt gewordenen Georges Jacob hatte Napoleon einst seinem Onkel, dem Kardinal Fesch, geschenkt; wie es von diesem kunstsinnigen Bilderräuber schließlich in das stille normannische Schloß gelangte, ist ein kleiner Roman.

Im Speisesaal regieren Möbel mit Einlegearbeiten von André Charles Boulle (1642–1732). Sein Vitrinenschrank, angefüllt mit Delfter Kostbarkeiten, hat ein einziges Pendant – es steht im selben Zimmer an der Wand gegenüber. Tisch und Stühle stammen aus der Restauration.

In Luftlinie etwa fünf Kilometer entfernt liegt *Schloß Bailleul*, ein königlicher Sitz in der Normandie, denn die Familie Balliol-Bailleul hatte Schottland einen König gestellt, weswegen auch Maria Stuart einst hier weilte.

Ein Katamaran an der Küste bei Etretat.

Der majestätische Renaissancebau stammt aus dem Jahr 1550 und ist durch vier Eckpavillons gekennzeichnet. Den Haupteingang über einer breiten Treppe akzentuieren dorische Säulen, und er gipfelt in einer Ritterfigur, die seit nunmehr 400 Jahren ihr Schwert in die Stürme der Normandie hält. Auch dieses Schloß ist bis heute im Besitz seiner Familie, die 1263 das Balliol-College, das zweitälteste College der berühmten englischen Universität in Oxford, gründete.

Die Räume bergen Kostbarkeiten – Möbel, Bilder und Kunstgegenstände – in einer Fülle, die sich kaum beschreiben läßt: Eine Houdon-Büste, Gemälde von Lucas Cranach, Frans Hals und Meindert Hobbema, Perserteppiche, feinstes Porzelan, Tapisserien, einen Schreibtisch des Boulleschülers Charles Cressent (1685–1768). Im Speisesaal ist eine kleine Kollektion von Zeichnungen italienischer und französischer Meister des 16. und 17. Jahrhunderts zu sehen.

Die dritte Station unseres Binnenlandausfluges ist das *Schloß Filières*, das bereits im Einzugsbereich der Seine liegt. Es steht auf altem Festungsgrund, um die hier zum Mündungstrichter ansetzende Seine an der Nordflanke zu schützen. Der heutige Bau freilich wäre dafür wenig geeignet; er stammt aus dem 18. Jahrhundert und wirkt mit seiner amtlichen Fassade eher städtisch.

Die Revolution unterbrach den Neubau des Schlosses, scheint der Familie der Markgrafen von Mirville jedoch nicht allzuhart mitgespielt zu haben, denn die Räume, ein jeder in einem beherrschenden Farbton gehalten, sind glanzvolle Zeugnisse der adeligen Wohnkultur des 18. Jahrhunderts. Niemals verkauft, im Erbgang heute an die Grafen Persan gekommen, vereinigt das Schloß in hellen Zimmern Louis-quinze-Möbel mit exotischen Stücken und chinesische Tapeten mit Familienbildern und Tapisserien. Auch hier stößt man auf hervorragende Goldschmiedearbeiten, auf Fayencen, edles Porzellan und auf Gemälde. Dies alles ist freilich vergessen, wenn man schließlich in den Park hinaustritt und dort die berühmte Buchenallee, »die grüne Kathedrale«, die sich über dem Fahrweg mit ihren Kronen zusammenschließt, auf sich wirken läßt.

Die Blumenküste

Die Côte fleurie, die Blumenküste, ist das Herz der Normandie, der Mittelteil ihrer Küste und für so manchen Besucher wegen der großen Badeorte auch das wichtigste Stück der so vielgestaltigen

Unvergleichliches Naturerlebnis Normandie: Die Küste des Pays de Caux bei Etretat.

Landschaft. Der Name ist nicht unberechtigt, einmal, weil der erste Ort im Osten der Küste Honfleur ist, die schöne alte Stadt, die fleur (Blume) in ihrem Namen führt, zum andern aber, weil man mindestens von Honfleur bis nach Trouville auf einem Hochufer fährt, das über seinen Stränden dicht begrünte Hänge aufweist. Zahllose Villen versinken in einer reichen Vegetation, die schmalen Wege verlieren sich im Buschwerk, man muß immer wieder auf die Hauptstraße zurückfahren, weil die Natur übermächtig ist und ein Weiterkommen unmöglich macht.

Erst von der Touquesmündung nach Westen weichen die grünen Hügel zurück, vor Houlgate beginnen sogar Klippen wie nördlich der Seinemündung, und westlich von Ouistreham-Riva-Bella beginnt dann jene lange Reihe von anspruchslosen kleinen Badeorten zwischen den Landungsplätzen aus dem Jahr 1944, die sich mit dem wenig besagenden Namen Côte de Nacre, Perlmutterküste, zufriedengeben muß.

Das Hinterland des gesamten langen Küstenstreifens ist von Osten nach Westen gleichermaßen interessant. Hier liegen viele kleine, alte Städte wie Lisieux, Pont l'Evêque, Vire oder Flers, und hier gibt es ein knappes Dutzend sehenswerter Schlösser und Klöster.

Das Hafenstädtchen Honfleur

Malerisch an seinen zwei Hafenbecken gelegen, mit der alten Kommandantur und den beiden Kirchen im Zentrum, ist **Honfleur** ein wahres Kleinod. Wer sich hier ein paar Wochen niederläßt, ist gut beraten. Die Preise sind niedriger als in den eigentlichen Badeorten, die Stadt ist ruhig, bietet Einkaufsmöglichkeiten, Restaurants, und man findet hier keine belebten Strände.

Honfleur ist eine alte Stadt, und das macht auch bis heute seinen Reiz aus. Es hatte schon Bedeutung, als es im 13. Jahrhundert seine erste Stadtmauer erhielt, wurde dann aber wie so mancher andere Hafenort zum Zankapfel zwischen Briten und Franzosen. Es erlangte einen gewissen Wohlstand, als die englische Besatzung 1450 nach 32 Jahren endlich abzog. Danach begann die große Zeit der Seefahrer, und der Ruhm für die Stadt kam mit Samuel de Champlain, den Mitbegründer des französischen Kanada. Faktoreien auf Java, Sumatra und in Hinterindien wurden von Firmen aus Honfleur angelegt.

Die Liste der berühmten Bürger dieser kleinen Stadt zeigt ein buntes Gemisch an Persönlichkeiten: Neben den Entdeckern stehen die Korsaren; die originellsten Köpfe aus Honfleur aber mögen

Hotel in Honfleur. Das malerische Hafenstädtchen liegt an der Côte Fleurie, der Blumenküste.

Trouville und seine Umgebung

Die heute dicht verbaute Küstenstraße von Honfleur nach Trouville bietet kaum Aussichtspunkte, aber sie bleibt immer noch die angenehmste Verbindung nach Caen, denn die schnelleren Hinterlandstraßen werden vom Lastwagenverkehr genutzt und sind sehr belebt.

Man passiert zuerst das kleine Hügeldorf **Vasouy** mit zahlreichen Künstlerwohnungen und dem *Manoir du Désert*, in dem 1728 Jean-François Doublet starb, beinahe 80 Jahre alt. Er hat sein Leben auf den Weltmeeren zugebracht und den Engländern zahllose Scharmützel geliefert.

Das nächste Dorf, etwas weiter von der Küste entfernt, heißt **Pennedepie**. Seine Kirche ist ein Bau der Tempelritter, gotisch mit romanischen Elementen. Sie besitzt ein originelles Langschiff mit bemerkenswertem altem Statuenschmuck. Dagegen ist die kleine Kirche von **Cricqueboeuf** äußerlich ungleich hübscher als innen. Die reinen Proportionen des romanischen Gotteshauses, der dichte Bewuchs bereiten uns auf eine archaische Idylle vor, doch ist die Kirche leer und verwahrlost, so hübsch sie auch an dem Teich eines benachbarten Herrenhauses liegt.

Erst eineinhalb Kilometer vor Trouville, an einer Abzweigung in Richtung Touques und Tourgéville, öffnet sich der Blick aufs Meer, beginnt die berühmte Strandlinie der großen Seebäder. Zwischen Straße und Strand erheben sich nun alte Villen, deren Terrassen landeinwärts liegen, wo sie vor Wind und Wetter geschützt sind, aber keinen Meerblick haben. Nach einem Segelclubgelände taucht man in die engen Gassen des alten Trouville ein und findet sich plötzlich auf den Boulevards auf dem Touquesufer wieder.

Etwas abseits liegen das Hôtel Les Roches Noirs (heute Restaurant), eines der beiden Vorbilder für Marcel Prousts Grandhotel in seinem Romanort Balbec, und die Villa Les Frémonts, wo sich der Dichter in die Schwester des Bankiers Finaly verliebte. Diese Beziehung war eine der wenigen Marcel Prousts zum anderen Geschlecht, in denen seine Liebe auch erwidert wurde.

Im neuen **Trouville** findet man wenig von den Proustschen Stimmungen wieder, am ehesten vielleicht in dem winzigen Restaurant de Mimi und im Postamt in der Rue Maigret (eine Enttäuschung für Simenon-Fans: Es ist ein Admiral, nach dem die Straße benannt ist).

Es gibt in Trouville Tage, an denen die Sonne erst nachmittags durchbricht, ähnlich wie im Süden

wohl der Humorist und Philosoph Alphonse Allais sein und der Komponist Erik Satie aus dem Kreis um den Dichter Jean Cocteau.

Die Dichter Alfred de Musset und Charles Baudelaire hielten sich lange in Honfleur auf, und so manches Dichter- und Künstlerhaus existiert noch heute wie zum Beispiel das *Chalet Guttinguer* (Fontaine Virginie in Saint-Gatien-des-Bois) oder die *Ferme-Saint-Siméon*.

Der Maler Eugène Boudin bewohnte in der Rue de l'Homme-de-Bois ein Haus, in dem sich jemand erhängt hatte, ein Spukhaus also, in dem Dichter und Maler besonders gerne verkehrten.

Die Stadt Honfleur ist eine eigene kleine Welt, gleichsam die Normandie in einer Nußschale. Und sie ist noch mehr. Mit allen Begegnungen, die hier stattfanden, den Gesprächen und schöpferischen Aufenthalten. Schon 1868 wurde das *Musée Eugène Boudin* gegründet, benannt nach dem hier geborenen Maler, einem führenden Vertreter des Impressionismus. Hier hat man die Werke aller Berühmten beisammen, und da an Regentagen Honfleur ein sehr beliebtes Ausflugsziel für die Gäste der Badeküste ist, wird auch das Museum häufig besucht. Es liegt an dem Platz, der nach Erik Satie benannt ist. Im Grunde kann man in dem kleinen Honfleur die Sehenswürdig-

keiten ohnedies nicht verfehlen, und man wird bei Rundgängen immer wieder an das alte Bassin de l'Est zurückkehren, in das Herz des Städtchens. Nahe bei ihm liegt die kleine Holzkirche *Sainte-Catherine* aus dem 15./16. Jahrhundert, die als Eindruck großartig und seltsam zugleich ist mit ihren altnormannischen Holzkonstruktionen,

Typisch französisches Straßencafé in Honfleur.

fast mehr eine Königshalle als eine Kirche. Und der getrennt von Sainte-Catherine aufwachsende Glockenturm ist ein genaues Abbild der altnorwegischen Stabkirchen.

Englands. Darum sind hier kurze Ausflüge beliebt, und dazu gibt es genug Ziele. Der kürzeste führt in den Nachbarort **Touques**, ein winziger Vorort heute, immerhin aber ein meernahes Dorf, das der Komponist Camille Saint-Saëns besonders liebte. Die Lage tief in einer Flußmündung gab Touques im Mittelalter gewisse Bedeutung. Im Jahr 1096 stellte Wilhelm der Rote, zweiter Sohn des Eroberers, hier seine Flotte zusammen, segelte nach England und ließ sich dort zum König krönen. An die Normannenzeit erinnert hoch über dem Dorf mit seinen Fachwerkhäusern die *Burg von Bonneville* (kleine Hinweistafel bald nach der Südausfahrt). Hier hielt sich Wilhelm der Eroberer häufig auf, vermutlich war die Burg damals noch aus Holz errichtet. Der spätere Bau, der aus dem 12. Jahrhundert stammt, liegt mit seinen fünf Türmen und den alten Mauern recht eindrucksvoll über dem Touquestal.

Etwas längere Ausflüge führen in die Käsestadt Pont l'Evêque und zur Basilika von Lisieux.

Pont l'Evêque (Bischofsbrücke) ist alles andere als eine Fremdenstadt, man gehört hier sich selbst. Der Ort ist seit dem 13. Jahrhundert weltweit berühmt wegen seines wunderbar schmelzenden und gehaltvollen Weichkäses von kräftiger Eigenart. Und da man in Käsestädten zu Hause ißt, in Weinstädten aber zum Essen ausgeht, ist es mit der Gastronomie in Pont L'Evêque nicht besonders gut bestellt.

Sehenswert ist die *Kirche*, dem heiligen Michael geweiht und groß wie eine Kathedrale. Ihre sehr schönen modernen *Glasfenster* sind Arbeiten des Bildhauers François Chapuis aus Beaune.

Im Hôtel de Brilly aus dem 18. Jahrhundert befinden sich heute Rathaus und Touristikbüro. Das Palais gehörte der ältesten normannischen Adelsfamilie de la Motte-Ango, Markgrafen von Flers.

Und Lisieux? Obwohl dank der heiligen Thérèse gleichsam eine Heiligenstadt, wirkt es heute fröhlicher und betriebsamer als die meisten anderen Binnenstädte der Normandie. Man hat an den beiden Touquesufern sehr unterschiedliche Straßen zur Verfügung, um dorthin zu gelangen. Einmal die D 579, gerade, schnell, stark frequentiert, und die ungleich hübschere Straße auf dem linken Ufer. Sie ist offensichtlich der ältere Verbindungsweg. Doch sie verleitet immer wieder zu kleinen Abstechern, und die Kirchen von Saint-Eymer, Manerbe und Quilly-le-Vicomte (sie ist schwer zu finden, sie steht unterhalb einer Verbindungsstraße), die auf dem Weg liegen, bereiten schon auf die Eindrücke in Lisieux vor.

Mitte des 19. Jahrhunderts noch ein verträumtes Fischerdorf, ist Trouville heute ein vielbesuchter Badeort.

Lisieux, Stadt der heiligen Thérèse

Die Straßen, die aus dem Norden kommen, führen mitten in die Stadt **Lisieux**, auf die Place Thiers, an der die *Kirche Saint-Pierre* liegt. Sie ist genaugenommen keine Kathedrale mehr, wird aber oft als solche bezeichnet. Im Vergleich zu

Reichhaltiges Angebot in der Fischhalle von Trouville.

anderen normannischen Kirchen überrascht im Inneren eine gewisse ländliche, geradezu bäuerliche Schwere und Wucht, was sich in dicken Säulen ausdrückt. Die Fenster des Gotteshauses stammen zum Teil noch aus dem 13. Jahrhundert (die Bomben des Zweiten Weltkriegs haben die Stadt der heiligen Therese zwar nicht verschont, aber die Kirche Saint-Pierre stehenlassen). Im Chor der Kathedrale findet sich sehr altes Gestühl, zu dem die moderne Statue der heiligen Therese in einem seltsamen Kontrast steht.

Am Ende einer langen Straße, die in südöstliche Richtung aus Lisieux hinausführt, liegt die 1954 geweihte, 93 Meter hohe *Basilika Sainte-Thérèse*, sie ist das Ziel vieler Pilger und eine der größten in diesem Jahrhundert gebauten Kirchen. Beachtenswert sind die dreischiffige *Krypta*, die *Kirchenfenster*, von Pierre Gaudin geschaffen, und die *Mosaiken*, in denen das Leben der heiligen Marie-Françoise-Thérèse Martin (1873–1896), die 1925 heiliggesprochen wurde, illustriert wird.

Fährt man über Lisieux hinaus, hat man die Wahl zwischen vielen lohnenden Wegen ins obere Touquestal. Sie führen oft auf den Höhen dahin, durch bisweilen unfranzösisch-karg anmutende Landschaften, auf die dann wieder blühende Miniaturzentren folgen wie zum Beispiel die Käsemetropole **Livarot** oder das überraschend gut erhaltene *Schloß von Fervaques* bei der gleichnamigen Ortschaft. In dem Bau steckt Geld aus Lisieux, denn Guillaume de Hautemer (von der

Vom Glanz des Seebades Deauville im vergangenen Jahrhundert zeugt noch heute das Nobelhotel Royal.

Hohen See), der das Schloß im 16. Jahrhundert auf älteren Fundamenten errichtete, hatte vorher die Kathedrale von Lisieux geplündert. Heute ist Fervaques im Besitz einer Sozialversicherung.

Die großen Seebäder

Näher an Trouville als Touques liegt **Deauville**. Die paar hundert Meter dorthin lassen sich auf verschiedenste Weise zurücklegen: Man kann über die Brücke fahren, hat dann aber in der Stadt Probleme, das Auto abzustellen; man kann sich in einem Boot über die Touquesmündung setzen lassen, oder man kann bei Ebbe auf einem Steg durch das Flußbett das Deauvilleufer erreichen.

Der Autofahrer gelangt schnell an den großen Kreisverkehr, eine Art Zentrum der Stadt und mit Recht nach dem Herzog von Morny (1811–1865) benannt, auf dessen Initiative hin der Badeort 1846 entstanden ist. Er war ein illegitimer Sohn der Königin Hortensia von Holland und ihres Großstallmeisters, der wiederum ein natürlicher Sohn des großen Talleyrand gewesen ist.

Man hat Deauville als Reißbrettstadt mit jenen hastig erbauten Siedlungen verglichen, die sich um Ölquellen gebildet haben: So schlimm war es allerdings hier nie. Erst in unseren Tagen wurde

an der Meerfront mit einem Centre International experimentiert. Die Atmosphäre in der eigentlichen Stadt ist heute mit dem langen und von bunten Schirmen bestandenen Strand der Hauptvorzug von Deauville.

Die Stadt ist für die Zukunft besser gerüstet als jeder andere französische Badeort. Das Angebot für die Gäste reicht von Golf, Polo, Hippodrom, Turf bis hin zu allen Wassersportarten. Dazu kommen noch der Pferdehandel, Antiquitäten und ein Festival des amerikanischen Films.

Das Veranstaltungsprogramm von Deauville bietet den Besuchern der Stadt mehr als die meisten Badeorte an der Riviera, es beginnt am 9. Mai mit einer Segelregatta und endet im Dezember mit einer Verkaufsschau von Vollblutpferden.

Nur den dritten Platz hinter Trouville und Deauville belegt, trotz intensiver Bemühungen, das jüngste dieser Bäder, **Cabourg**, dessen Aufstieg erst 1860 begann. Er wurde durch den Strand mit besonders feinem Sand am linken Divesufer begünstigt und wohl auch deshalb, weil man hier Planungsfehler wie in Deauville vermieden hat. Der Ort Cabourg ist nicht schachbrettartig, sondern sternförmig angelegt, um einen selbst in ruhigen Zeiten großzügig und festlich wirkenden Mittelpunkt mit Spielkasino, Grandhotels und

Grünflächen. *La digue,* eine drei Kilometer lange Promenade zwischen Stadt und Meer, wurde durch Marcel Prousts Roman »Im Schatten junger Mädchenblüte« (1918) weltberühmt.

Während Proust stets im Grandhotel abstieg, bieten sich dem heutigen Besucher durchaus reizvolle Alternativen in Cabourg, an der nach dem Dichter benannten Promenade und in sieben Kilometer Entfernung, an der D 513 nach Gonneville-en-Auge in der Hostellerie Moulin du Pré. Im alten Dives-sur-Mer kann man in einer Poststation aus dem 16. Jahrhundert ausgezeichnet essen (Rue Hastings Nummer 2).

Dives-sur-Mer ist insgesamt viel interessanter als Cabourg. Im Mittelalter noch Hafen, ist es heute durch breite Sandbänke vom Meer getrennt.

In der Divesmündung, an deren rechtem, östlichem Ufer die alte Stadt liegt, sammelte Wilhelm der Eroberer einst den größten Teil seiner Flotte für den erfolgreichen Versuch, England zu unterwerfen (es gibt auch andere Küstenorte, die sich als Ausgangspunkt der Operation bezeichnen).

In der malerisch auf einem Friedhofsgelände liegenden *Kirche Notre-Dame* findet sich eine Übersichtstafel, erstellt nach mittelalterlichen Quellen, auf der nur einige der Englandfahrer erwähnt sind, es sollen aber 50 000 Mann gewesen sein.

Prächtige Villa im mondänen Seebad Deauville.

Blick auf Notre-Dame in Dives-sur-Mer. Teile dieser Kirche stammen noch aus dem 11. Jahrhundert.

Village Guillaume-le-Conquérant in Dives-sur-Mer.

Das Gotteshaus, das auf den Fundamenten einer Kirche aus dem 11. Jahrhundert errichtet wurde, verdient aber auch sonst unser Interesse durch seine Apsis mit ihren beiden Türmchen, das gotische Portal und den Turm, der aus dem 14. Jahrhundert stammt. Das uneinheitliche, innen teilweise sogar nur flüchtig vollendete Gotteshaus hat durch seinen originellen und malerischen Gesamteindruck den britischen Maler Bonington zu einer seiner besten Arbeiten inspiriert.

Andere Relikte aus der großen Vergangenheit der Stadt sind die *Markthalle* mit ihrer sehenswerten Holzkonstruktion und die *Ancienne Gendarmerie* aus dem 16. Jahrhundert auf dem Stadtplatz.

Küste der Landung von 1944

Nach wie vor aber bestimmt die Landungsoperation der Amerikaner, Briten und Kanadier im Juni des Jahres 1944 das Erscheinungsbild der Küste zwischen Ouistreham und dem Cotentin.

In **Ouistreham** gibt es eines der größten *Museen* zu diesem Thema. An der Place Alfred-Thomas und am Boulevard Boivin-Champeux zeigt man einen der größten *Bunker* des Atlantikwalls. Derlei setzt sich nun nach Westen fort, und wer sich für die Ereignisse im Zweiten Weltkrieg interes-

siert, findet reichlich Unterstützung und auch Verständnis, vor allem an jenem Küstenstück. Organisierte Ausflüge nach **Arromanches-les-Bains**, einem der zentralen Landungsplätze der Invasion, oder zum **Omaha-Beach**, nach der geheimen Bezeichnung der US-Landeoperation benannt, sind darum häufig in den Angeboten der lokalen Reisebüros zu finden.

Dazwischen liegen die kleinen Orte, die wegen ihrer Kirchen bekannt sind, wie Port-en-Bessin, mit dem einzigartigen Licht, wo Georges Seurat und Louis-Robert Antral soviel malten.

Schlösser bei Bayeux

Beliebtestes Ausflugsziel im Hinterland dieser Küste ist naturgemäß **Bayeux**, in dessen Umgebung die beiden Schlösser *Balleroy*, 1626 als »normannisches Versailles« entstanden (beherbergt ein *Museum* zur Geschichte der Ballonfahrt), und *Fontaine Henri*, sich unserer Aufmerksamkeit empfehlen. Fontaine Henri stammt aus dem 15./16. Jahrhundert und ist nach dem Sohn eines Normannen, Henri de Tilly, benannt. Es liegt an der von Thaon bis zum Meer besonders reizvollen D 170 nach Courseulles; Balleroy liegt an der D 73 südwestlich von Bayeux.

Die Suche nach diesen Schlössern ist nicht mühsam, sondern wie alle Autotouren im Hinterland dieser Küstenorte eher unterhaltsam und mitunter sogar auf unerwartete Weise ertragreich. Auf solchen Fahrten sollte man vielleicht **Saint-André-d'Hébertot** mit seiner kleinen romanischen Kirche inmitten eines Friedhofs vor dem zugehörigen Schloß oder *Barneville*, eine kleine Kirche mit harmonischem romanischem Turm an einem Friedhof, besuchen. Auf einer Rückfahrt zur Küste kam ich durch das Dorf **Beaumont-en-Auge** in entzückender Hügellage und mit vielen Fachwerkbauten. Die schöne stille *Kirche* hat einen uralten Steinboden, unter dem der einstige Herr dieser Landschaft, Robertus Bertran, Baron et Vicecomte de Roncevilla mit seiner Frau zur ewigen Ruhe gebettet wurde.

Zum Schluß werden wir uns den Manoirs und Schlössern rund um Crèvecœur-en-Auge zu. Von Cabourg erreicht man diese Gegend mit sehenswerten Bauten in stimmungsvoller Umgebung über das reizende Dorf Beuvron, von Trouville aus über das Toquestal bis nach Coquainville und danach westwärts über Manerbe, auf der landschaftlich sehr lohnenden D 270. Ihr folgt man bis Lézupartie oder zweigt schon vorher bei Montreuil-en-Auge ab.

Die Kirche des kleinen Ortes Sainte-Marie-du-Mont erhebt sich aus dem dichten Laubwerk der Bäume.

Man befindet sich hier in einer verwunschenen Gegend, fährt durch Alleen, vorüber an immer neuen Herrscherhäusern aus den alten Zeiten der Normandie, bis man sich schließlich in dem geschmackvoll restaurierten Gebäudekomplex von **Crèvecœur-en-Auge** ausruhen kann. Hier hat das *Petroleum-Museum* seinen Sitz, das eigentlich mit all der guterhaltenen Schönheit des Fachwerks gar nichts zu tun hat, mit seinen Einnahmen aber können immerhin die Bauten unterhalten werden. Die anderen Rastpunkte der kleinen Kreisfahrt sind *Manoir de Coupesarte*, das zweifellos eines der nobelsten Bauernhäuser ist, die man sich vorstellen kann, und an drei Seiten von Wasserflächen umgeben, außerdem das Landhaus *Manoir du Mont-de-la-Vigne* auf dem Gelände einer spätmittelalterlichen Festung.

Die Halbinsel Cotentin

Das Cotentin ist von Deutschland aus gesehen der entlegenste Teil der Normandie und von den am häufigsten besuchten Badeorten der Normandie aus eine große Tour, nicht nur ein Ausflug.

Es ist eine Reise für sich, denn man muß, wenn man von Caen aus startet, 600 Kilometer zurücklegen. Der Frankreichfan wie der Normandie-enthusiast freilich sollte dieses weniger bekannte Stück Land an der Atlantikküste auf jeden Fall besuchen, denn es hat viel zu bieten: Meeresstimmungen, sensationelle Kaps, weite, einsame Heidefahrten, alte Städte und Kirchen.

Und wer sich noch nicht in der Bretagne umgesehen hat, der kann diese Fahrt mit dem Mont Saint-Michel abschließen oder sogar einen Trip auf die englische Insel Jersey unternehmen, zu der die Schiffe von Carteret ablegen.

Da wir die hier schon ziemlich breite Vire auf der N 13 überqueren müssen, können wir auch in **Carentan** einen Halt machen, einem Zentrum der Milchwirtschaft mit einem originellen Hauptplatz und hübschen *Arkadenhäusern* aus dem 15. Jahrhundert. Am Boulevard de Verdun empfiehlt sich als Gaststätte die Auberge Normande. Die frühgotische *Kirche* der Stadt verdient einen Besuch, denn sie ist originell in der Anlage und besitzt schöne alte Kirchenfenster und in einer ihrer Kapellen auch sehenswerte Holztafelmalereien von anonymen Naiven.

Für die Weiterfahrt sollte man die streckenweise autobahnähnlich ausgebaute N 13 beibehalten, vor allem, wenn man an den Stränden der Landung von 1944 nicht interessiert ist. Hat man Zeit, gelangt man auf Départementsstraßen an den legendären Utah Beach, kann aber auch in **Brucheville**, **Sainte-Marie-du-Mont** oder **Saint-Marcouf** sehenswerte Kirchen besichtigen.

Utah Beach ist zuletzt im Juni 1994 von Scharen amerikanischer Touristen besucht worden, liegt heute aber still vor uns, mit den bei Ebbe sichtbaren Wracks der schweren Landungsschiffe und dem Denkmal für den französischen General Leclerc beim Dorf Saint-Germain-de-Varreville.

Haben wir die schnellere Straße gewählt, passieren wir **Saint-Côme-du-Mont**, wo die Kirche aus dem 11. Jahrhundert inzwischen wieder aufgebaut wurde. Dann erreichen wir **Sainte-Mère-Eglise** mit der Kirche aus dem 13. Jahrhundert, die in so manchem Kriegsfilm über amerikanische Fallschirmjägereinsätze 1944 eine Hauptrolle gespielt hat. Auch zehn Kilometer weiter nördlich, in Montebourg, wurde die Kirche wieder aufgebaut und erhielt moderne Kirchenfenster, in deren Darstellung der Gefallenen der hier besonders schweren Kämpfe gedacht wird. Ein römisches Lager in der Nähe von Montebourg beweist, daß den Legionären selbst das Cotentin nicht zu fern und zu wild war.

Montebourg liegt mitten auf der Halbinsel, deren Herz, die alte Stadt Valognes, auf der Schnellstraße nur Autominuten entfernt ist.

Valognes, die Römerstadt Allaunia, spielte nicht nur im Mittelalter eine bedeutende Rolle – sie wurde auch zu einem Kuriosum in der Provinz und zu einem Begriff für ganz Frankreich durch die satirischen Schilderungen von Alain René Lesage in seiner Komödie »Turcaret« von 1709.

Während die *Eglise Saint-Malo*, aus dem 15. Jahrhundert, völlig neu aufgebaut werden mußte, haben sich in der Rue Barbey d'Aurevilly mit dem *Manoir* am Flüßchen Merderet und dem prächtigen *Hôtel de Beaumont* zwei ansehnliche Bauten aus der Epoche Ludwigs XV. erhalten, mit Park und Fluß die hübscheste Partie der kleinen Stadt.

Die Fahrt von Valognes zur Ostküste der Halbinsel ist zwar bequem auf der schnurgeraden D 902, aber schon in Aumeville-Lestre beginnt ein besonders schönes Stück Aussichtsstraße, das über Quettehou nach Saint-Vaast-la-Hougue und auf dem geraden Nordweg zum Leuchtturm von Gatteville an der Nordostspitze der Halbinsel führt. Die landschaftlichen Eindrücke sind stark und wechseln schnell, denn die Küste bietet Strände, Felsvorsprünge, alte Festungen, Aussichtspunkte und Schlösser und bei Ebbe das an der ganzen Küste besonders beeindruckende Schauspiel des weit zurückgehenden Meeres.

Die Küste von Landemer bis zur Pointe de Barfleur ist eine Stätte für Legenden und Traditionen, und bedenkt man, wie lange diese Landschaft ohne Anbindung an Paris oder größere Städte, ohne Schulen und Bevölkerungsbewegungen geblieben ist, dann staunt man nicht mehr über die Geschichten, die hier erzählt werden.

Das Küstenstück von **Landemer** bis zum *Leuchtturm von Gatteville* ist besonders malerisch. Dazu kommen noch die paar Sehenswürdigkeiten im küstennahen Hinterland wie die hoch auf ihrem Felsen liegende *Kirche von Réville* (auf dem Friedhof das rührende Grabmal, »Der letzte Schlaf«, von dem Maler Guillaume-Romain Fouace für seine Tochter geschaffen).

In der Umgebung des Sairetales sind auch die Binnenlandstraßen landschaftlich schön und weniger befahren als die Küstenstraße. Eine von ihnen führt zum *Schloß Tocqueville*, etwa fünf Kilometer landeinwärts von Gatteville. Der nicht ganz einheitliche Bau von 1562 kombiniert eckige und runde Türme und liegt, breit und herrschaftlich zwischen Park und Wasserflächen, auf Fundamenten aus dem 12. Jahrhundert. Die Grabensysteme des Schlosses hatten wohl mehr symbolische Bedeutung, weshalb Alexis de Tocqueville, der berühmteste der Schloßherren, sie denn auch in Zierflächen und Teiche verwandeln ließ.

Wenn man die Idylle des Sairetales verläßt und an die Klippenküste kommt, empfängt einen der heftige Wind. **Barfleur**, ein kleiner Badeort in einer Bucht, liegt schutzlos am äußersten Nordostpunkt der Halbinsel. Vor dem Hafen erkennt man noch die Klippe, an der *La blanche Nef*, das weiße Schiff, im Jahr 1120 auflief. Es starben rund 200 Menschen, darunter fast die gesamte Familie König Heinrichs I. von England, der von diesem Tag an niemals mehr gelacht haben soll.

Der großartige Eindruck setzt sich in **Gatteville-le-Phare** fort. Die Naturgewalten sind hier immer gegenwärtig, und selbst im Sommer ahnt man, was die Herbststürme alljährlich anrichten. So ist die Kirche auch angefüllt mit Statuen von Nothelfern und Votivtafeln, und auf dem Ortsplatz erhebt sich die *Chapelle Notre-Dame-de-bon-Secours* (Von der hilfreichen Muttergottes) mit einer Apsis aus dem 11. Jahrhundert. Und über allem ragt der 70 Meter hohe Leuchtturm auf.

Um nach Cherbourg zu gelangen, kann man sich auf kleinen Straßen an der Küste entlang abmühen, wobei man aber immer wieder umkehren muß, denn Meer und Küstenformation schneiden einem den Weg oft brüsk ab. Bequem

Barfleur, ein Bade- und Fischerort auf der Halbinsel Cotentin, war schon zu Wikingerzeiten ein wichtiger Hafen.

gelangt man über Tocqueville bis **Saint-Pierre-l'Eglise**, ein charmantes Städtchen, in dessen Schloß der Abbé de Saint-Pierre (1658–1743) noch vor Immanuel Kant seinen großen Essay über den Weltfrieden schrieb. Sein Heimatort ehrt ihn mit einem Denkmal.

In Saint-Pierre-l'Eglise zweigen Départementsstraßen ab, die zunächst Richtung Meer zum Aussichtspunkt *Cap Lévy* und dann nach Cherbourg führen. Sie gehören zu den schönsten Aussichtsstraßen der ganzen Normandie, und die Küstenszenerie, die man von ihnen sehen kann, ist ebenso wild wie großartig. Weitere Aussichtspunkte sind – unterschiedlich gut ausgeschildert – die *Anse du Brick* und die *Pointe de Brulay*.

Die schöne Aussichtsstrecke endet an der Küste bei Bretteville und auf den Höhen hinter dem Ort bei Maupertus. Die zwei *Menhire* von **Maupertus** gehören zu den am leichtesten zugänglichen unter einem guten Dutzend, die sich an dieser Küste befinden; in **Bretteville** hat sich sogar eine ganze *Allée couverte* erhalten, eine *Dolmengruppe* von einer Länge von insgesamt 16 Metern, die vor etwa 4000 Jahren als Gemeinschaftsbegräbnisstätte gedient haben muß; zahlreiche Werkzeugfunde aus der Jungsteinzeit weisen auf die alten Siedlungen an diesem Ort hin.

Westlich von Cherbourg ist die Küstenbildung vielleicht sogar noch kühner. Hier türmt sich nämlich die *Landnase von Jobourg* (Nez de Jobourg) mit bis zu 200 Meter hohen Dünen und Felsen auf, unbezwinglicher Granit, gegen den das Meer seit Urzeiten erbittert anrollt.

Sieben Kilometer westlich von Cherbourg duckt sich *Schloß Nacqueville* hinter Bäumen. Auf dem erhöht liegenden Friedhof des Ortes **Querqueville** erhebt sich die *Chapelle Saint-Germain*; sie stammt mit ihren frühesten Teilen aus dem 10. Jahrhundert und dürfte damit das älteste der erhaltenen Gotteshäuser an der französischen Kanalküste sein.

Auf der Küstenstraße zwischen Urville und Goury bildet die Halbinsel Cotentin ein Granitplateau. Die Fischerdörfer hier liegen zum Teil gar nicht am Meer, sondern bis zu 600 Meter landeinwärts und erhöht, und die Einschnitte in die Küste bilden winzige Häfen wie etwa **Port Racine**, den angeblich kleinsten Frankreichs.

Die Kirchen in diesen Fischerorten sind schlicht, sie stammen hauptsächlich aus dem 13. Jahrhundert, als sich die französische Königsmacht konsolidiert und die Kirche bis hin an die Kanalküste Missionsarbeit geleistet hatte. Die Menschen, die in dieser Region lebten, blieben jedoch ohne

Dichte Hecken strukturieren die weite Landschaft um die kleine Ortschaft Saint-Sauveur-le-Vicomte.

nennenswerte Kontakte zu Paris; man hatte hier mit dem unberechenbaren Meer und der dadurch sehr schwierigen Schiffahrt genug zu tun.

Das Cap de la Hague

Von Cherbourg führt die D 901 durchs Landesinnere nach Cap de la Hague. Man kann aber auch die reizvollere Strecke an der Küste entlang wählen. Das **Cap de la Hague** läuft flach und sandig ins Meer hinaus. Es ist kein imposant aufragendes Vorgebirge, sondern eine Landspitze, die allerdings durch einen Saum von Riffen und anderen unterseeischen Hindernissen zu einem Schrecken für die Schiffahrt geworden ist.

Den weitesten Blick über Buchten und Riffe hat man von der D 401 bei Oderville. Zur »Nase von Jobourg« führt die D 202 als Stichstraße. Die berühmte Nase (Nez) ist zweieinhalb Kilometer entfernt und ragt 128 Meter über dem Meer ins Leere. Der Ort liegt auf der Hochfläche, ein wenig verloren mit seinen wenigen Häusern, praktisch ohne Hotels, obwohl es kaum eine schönere Wegstrecke gibt als die zwölf Kilometer von Auderville hierher mit Blicken in die Weite und aufs Meer hinaus. Bei Jobourg befindet sich auch eine Aufbereitungsanlage für Kernbrennstoffe.

Südlich von Jobourg, an der langen Anse de Vauville, wird das Klima milder und die Landschaft freundlicher, nicht mehr so rauh, aber ebenso großartig. Vauville und Biville, die kleinen Dörfer an der Bucht, verdienen eine Rast. **Vauville** ist näher am Meer gelegen und hat eine mit Holz gedeckte romanische *Kirche*, nur der Chor ist gotisch. Dazu gibt es hier noch ein *Manoir* aus dem 15. Jahrhundert, ganz nahe der Kirche, und ein 100 Jahre später erbautes *Schloß*, nur der Donjon (Turm) stammt aus dem Mittelalter.

Biville ist ein Wallfahrtsort: Die *Fontaine Saint-Thomas* soll heilkräftiges Wasser enthalten. Thomas Hélye, der sie im 12. Jahrhundert – der Legende nach durch einen Zufall – entdeckte, war lange Zeit vergessen. Nach einigen Heilungen begannen erst im 19. Jahrhundert wieder die Wallfahrten in den kleinen Ort.

Nahe bei Biville, auf dem Kalvarienberg, öffnet sich der Blick bis zu den britischen Kanalinseln, aber auch auf die interessante Dünenlandschaft zwischen Biville und Vauville.

Von den zwei Schlössern der Gegend, *Sotteville* und *Flamanville*, ist das zweite wichtiger, schon durch seine originale Architektur. Die Steine lieferten die Klippen, wind- und wassergeprüfter Granit machte das Schloß widerstandsfähig, seit

es von 1654 bis 1657 erbaut wurde. Über dem Haupteingang spannt sich ein barocker Halbbogen, bei sonst strenger Linienführung der Fassaden; darüber ragt ein Türmchen auf, beinahe ein Campanile in den atlantischen Stürmen.

Zwischen dem Kap von Flamanville, südlich von Biville, und dem nächsten Vorgebirge, dem Cap de Carteret, bietet die Küste zwei Aussichtspunkte, im übrigen aber nichts Erwähnenswertes. Im Hinterland verdienen ein Schloß und eine kleine alte Stadt einen Umweg: Das Château de Bricquebec und der Ort Saint-Sauveur-le-Vicomte.

Man verläßt die gut ausgebaute Küstenstraße bei **Saint-Germain-le-Gaillard**, einem winzigen Ort, der in keinem Führer zu finden ist, in dessen Kirche man aber hineinschauen sollte.

Weiter geht es nach Osten, 13 Kilometer sind es zum *Schloß von Bricquebec*, dessen Fundamente die ersten Herzöge der Normandie gelegt haben. Uralter Stein, Patina der Jahrhunderte, klobige Formen, so erhebt sich das Schloß aus alten Bäumen. Der Donjon aus dem 13. Jahrhundert ist innen eine wilde Höhle mit dicken Mauern. Im niedrigen Gewölbe der Krypta aus dem 14. Jahrhundert stehen runde und quadratische Säulen nebeneinander. Die Bewohner haben um 1530 die Hoffnung aufgegeben, die Mauern mit Leben erfüllen zu können, und neben den Donjon eine Maison de Plaisance im Stil der Renaissance gebaut, beinahe eine Verzweiflungstat.

Wir fahren 14 Kilometer weiter Richtung Südsüdost und erreichen **Saint-Sauveur-le-Vicomte**, ein Gemeinwesen mit etwa 3000 Einwohnern. Der kleine Ort übt eine ganz besondere Anziehungskraft aus, und seine Umgebung bietet unendlich viele Gelegenheiten für Spaziergänge. Die alten Gassen und Plätze öffnen sich immer wieder unversehens in die grünen Weiten des Cotentin.

Durch den kleinen Wald von Saint-Sauveur gelangen wir nach **Barneville-Carteret**, die dreigeteilte größte Kur- und Badestation des Cotentin. Hier liegen Yachten im Hafen, der saubere Strand verdiente sich europäische Auszeichnungen, und zu den 14 Hotels und sieben Campingplätzen kommen viele private Unterkünfte, wie sie in den kleinen, verschwiegenen Hafenorten der Nordküste leider weitgehend fehlen. Der gegen kalte Winde gut geschützte Ort empfiehlt sich damit auch für längere Aufenthalte wie auch als Standquartier für die Erforschung der gesamten Halbinsel, abgesehen von seinen eigenen Sehenswürdigkeiten, der Kirche aus dem 11. Jahrhundert mit einem fotogenen *Festungsturm*.

Nach der Restaurierung blieben im Inneren der Kirche der romanische Charakter und der architektonische Schmuck erhalten. Die Kapitelle der Säulen, ihre unterschiedlichen Motive und die modernen Kirchenfenster machen die *Eglise Saint-Germain* bis heute sehenswert.

Der größte Vorteil der Stadt aber ist ihre einzigartige Lage, der Strand mit einer Länge von sieben Kilometern, die fesselnde Veränderung aller Linien und Verhältnisse durch Ebbe und Flut, die Promenaden, die man bei Ebbe zu Fuß begehen kann. Das Meer geht, wenn die Ebbe ihren tiefsten Stand erreicht hat, so weit zurück, daß die Insel Jersey der Überlieferung nach im 9. Jahrhundert zu Fuß erreichbar gewesen sein soll.

Blickt man auf der Weiterfahrt nach Barneville-Carteret zurück, dann präsentiert sich die Bucht mit dem Kap und der Düneninsel von Barneville-Plage eher mediterran als normannisch.

Die D 903 über La Haye-du-Puits führt zwischen den Schlössern von Olonde (nördlich) und Omonville hindurch, neueren Wohnschlössern, die an alten Schutzpositionen für die Olonde-mündung liegen.

Der heute eher unscheinbare Ort **La Haye-du-Puits** zeigt immerhin seine *Abteikirche* in ihrer vollen Schönheit und Harmonie. Dies ist allerdings einem verständnisvollen Wiederaufbau nach 1944 zu danken. Die neue Kirche ist sogar in einem Punkt schöner als die alte: Die modernen, bunten Kirchenfenster geben mehr Stimmung als die ungefärbten von früher. Die Fenster sind von Simone Flandrin-Latron; der aus Holz geschnitzte moderne Christus von Jan Lambert-Rucki (1888–1967), einem Bildhauer aus Krakau.

Château de Pirou – Schloß am Meer

Nahe am Meer liegt das *Château de Pirou* aus dem 17. und 18. Jahrhundert, in dessen Nähe sich die Reste früherer Befestigungen finden. Das erste Schloß soll unmittelbar an der damaligen Flutlinie gelegen haben und aus Holz errichtet worden sein. Erst im 12. Jahrhundert entstand der mittelalterliche Steinbau. Mit seinen teils alten, teils neuen Partien bietet das Schloß einen uneinheitlichen Anblick, doch hat ihm die Küstenlage einen romantischen Charakter bewahrt, wozu der fast 20 Meter hohe Wach- und Aussichtsturm das Entscheidende beiträgt. In der Nähe befindet sich am Sandstrand ein kleiner Badeplatz.

Von Pirou aus braucht man nicht ins Innere des Landes zurück: Die D 650 führt nahe am Meer

Vierungsgewölbe in der Kathedrale von Coutances.

nach Süden, überquert auf Dämmen seichte Buchten und bietet bei den unterschiedlichen Wasserständen immer wieder neue Aspekte. Auf dem letzten Stück zwischen Coutainville, Montchaton, Regnécville und Montmartin bis nach Hauteville reihen sich die schönsten Ausblicke und eindrucksvollsten Küstenbilder aneinander.

Die Stadt Coutances

Das winzige Flüßchen Sienne mündet in einem gewaltigen Trichter, so daß **Coutances**, die geistliche Hauptstadt des Cotentin, nur wenige Kilometer vom Meer getrennt ist. Die Stadt liegt auf einem Hügel zwischen den Flüßchen Bulsard und Guerney; auf ihrem höchsten Punkt ragt die *Kathedrale* empor. Romanische Grundstrukturen aus dem 11. Jahrhundert und die 200 Jahre später erbaute gotische Kathedrale sind in diesem Kirchenbau zu einer berühmt gewordenen, als normannische Gotik bezeichneten Einheit verschmolzen. Die Kathedrale von Coutances ist nach der Behebung der Kriegsschäden wieder eine der Hauptsehenswürdigkeiten, und man versteht, daß hier im Jahr 1933 die Feier zum ersten Jahrtausend des Bestandes der Normandie stattfand: Wilhelm Langschwert hat in Coutances die

Voraussetzungen für ein christliches Normannenreich und für die friedliche Verschmelzung von Nordgermanen und Galliern geschaffen.

Zu den romanischen, später erhöhten Türmen der Kathedrale von Coutances ist noch ein achteckiger Turm von respektabler Höhe hinzugekommen, etwas überraschend in seiner Architektur und vielleicht von dem polygonalen Schloß Chanteloup angeregt, das früher südlich von Coutances einen der Stützpunkte der d'Estouteville bildete. Die Bürger von Coutances nennen diesen Über-Turm Le Plomb, wohl eher in der Bedeutung Bleistift als Blei.

Kathedrale in Coutances: Ein Meisterwerk der Gotik.

Die respektablen Abmessungen des Kirchenschiffes, es hat eine Länge von 95 Metern, lassen es auf den ersten Blick leer erscheinen. Bald aber wird man diese Beschränkung in der Innenausstattung als sehr weise erkennen. Die Großartigkeit des Gebäudes und seiner Architektur kommen dadurch klar zur Geltung. Die Kunst findet sich in den Kapellen in Fresken, die teilweise aus dem 13. Jahrhundert stammen. Viele der Kirchenfenster sind alt; wo sie in einem amerikanischen Bombardement am 6. Juni 1944 zu Bruch gingen, hat der Pariser Maler Jean-Henri Couturat neue entworfen. Unter den Bildwerken fällt besonders eine Muttergottes mit Kind in natürlicher Größe aus dem 14. Jahrhundert auf.

Da in der Kathedrale kein Gottesdienst abgehalten wird, hat das kleine Gemeinwesen eine zweite Hauptkirche, die *Eglise Saint-Pierre*. Sie ist auf den Fundamenten einer im Hundertjährigen Krieg zerstörten Kirche im 15. Jahrhundert neu errichtet worden, spätgotisch mit einem Renaissanceportal. Die Türme des Gotteshauses wurden erst im 16. Jahrhundert vollendet, und der hohe Hauptturm ist auf achteckiger Basis errichtet wie der Turm der Kathedrale.

Die Gassen von Coutances zeigen uns viele alte Häuser. Man versteht, daß der Hügel schon ein gallisches Cosedia getragen hat und ein galloromanisches Städtchen Constantia, aus dem dann später Coutances wurde. Wer die Geschichte dieses Kleinods kennenlernen will, findet in einem kleinen *Museum* dazu Gelegenheit, in dem auch Gemälde und Keramiken zu sehen sind.

Wir fahren nun weiter Richtung **Granville**. Die schönste Route von Coutances nach Granville führt durch das Siennetal, am schnellsten geht es auf der Straße D 971 über Bréhal.

Von Bréhal empfiehlt sich ein kleiner Abstecher ins Landesinnere. Wir fahren nach Nordosten und erreichen zwischen Gavray und Percy die ehemalige Benediktinerabtei *Abbaye de Hambye*, deren Gründung auf das Jahr 1145 zurückgeht. Zu sehen sind von der ehemaligen Klosteranlage noch die Ruinen der *Kirche* aus dem 12./13. und 14. Jahrhundert, ein *Kapitelsaal* aus dem 13. Jahrhundert sowie die *Küche* des Klosters.

Wir fahren nach Bréhal zurück und auf der D 971 nach Süden. Das Ziel ist ein gefälliger Landvorsprung mit dem Seebad **Donville-les-Bains**, einem Kap, der Pointe du Roc, und einer malerisch gelegenen Kirche, die von drei Seiten vom Meer umgeben ist. Auf diesem Felsen drängt sich seit 800 Jahren eine kleine Ansammlung von Häusern mit engen Gassen um das Gotteshaus, das als Schifferkapelle wohl erheblich älter war als das Gemeinwesen. Zu Füßen des Felsens, an der Mündung des Flüßchens Bosq, entstand dann eine neuere Wohnstadt. Trotz der Enge richteten die amerikanischen Bomben auf dem Felsen nur geringe Schäden an.

Wie erreichen Granville, einen lebhaften Fischer- und Hafenort mit einer Oberstadt.

Heinrich Heine besuchte 1837 Granville zum ersten Mal. Er rühmte die himmlische Ruhe, die sich bis heute nahezu erhalten hat. Heine schrieb hier Teile des großen Essays über Ludwig Börne, seine Briefe über das Pariser Theater und Teile seiner Memoiren. Das Hôtel du Nord et des Trois Couronnes, in dem er wohnte, hat inzwischen glanzvolle Konkurrenz bekommen.

Nach Avranches, zum Fuß der Halbinsel, hat man eine direkt am Meer entlangführende, nur bei gutem Wetter angenehm zu befahrende Départe-

mentsstraße vor sich mit vielen Aussichts- und Rastpunkten und einem kleinen Badestrand zwischen Saint-Pair und Jullouville. An der Pointe de Champeaux beginnt die Zone des versunkenen Landes mit geringen Wassertiefen und bei Ebbe auftauchenden Sandbänken, Riffen und Felsen, die der Baie du Mont Saint-Michel ihren geheimnisvollen Charakter geben.

Hier wurden im Jahr 809 zehn oder zwölf Dörfer vom Meer verschlungen, entweder bei einem Seebeben mit nachfolgender Flutwelle oder bei einer großen Sturmflut. Sie verschob die Küstenlinie um etwa 30 Kilometer nach Südosten und ließ

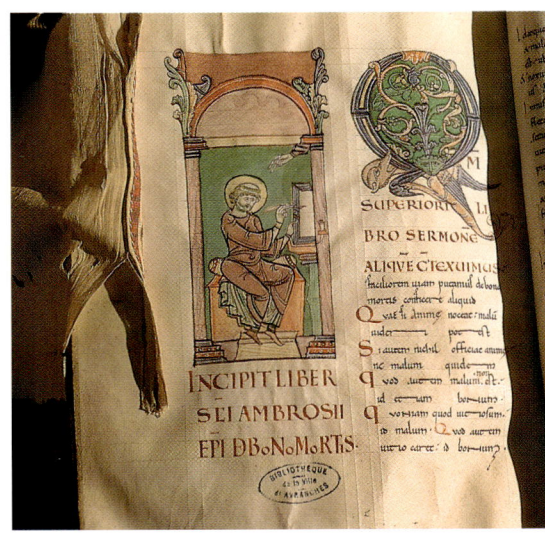

Illuminierte Handschrift im Kloster von Saint-Michel.

die tiefe Bucht zurück. Von der Pointe de Champeaux, vom Bec d'Andaine aber auch noch vom Jardin des Plantes in Avranches aus können wir viel Vergangenes überblicken.

Die römischen Straßenkarten zeigen uns, wie viele Dörfer hier in einer Nacht im Meer verschwanden: Von Granville führte eine Römerstraße nach Rennes in der Bretagne und von Avranches eine andere in den alten bretonischen Haupthafen Corseul. Beide Straßen durchquerten also jene Bucht, die sich heute zweimal am Tag mit Meerwasser füllt, und die Dörfer, die einst am Ufer oder im Binnenland lagen, sind heute unter dem aufgelaufenen Sand begraben.

Zu den unter Fluten und Sand verschwundenen Gebieten gehörte auch der Wald von Sessiacum, in dessen Mitte sich der Felsen des späteren Klosters vom heiligen Michael erhob. Der später heiliggesprochene Bischof Aubert von Avranches sah am Morgen nach der Katastrophennacht die

kleine Felsenkirche aus der ungeheuren Verwüstung unversehrt aufragen. Als gläubiger Mann empfand er dies wie einen Befehl Gottes, zu der kleinen Kapelle ein großes und mächtiges Kloster bauen zu lassen.

Tour Gabriel an der Westseite von Mont Saint-Michel.

Von **Genêts** aus kann man geführte Fußwanderungen zum *Felsen von Tombelaine* und zum *Mont Saint-Michel* unternehmen. Das Meer ist beim tiefsten Stand 14 Kilometer entfernt, nähert sich aber bei Flut mit verblüffender Schnelligkeit und kann unvorsichtigen Wanderern den Rückweg abschneiden. Eine weitere Gefahr sind die nur von dünnen Sandschichten überdeckten Wasserlöcher, in denen man versinken und immer tiefer hinabgezogen werden kann.

Städte am Sockel der Halbinsel

Die Rundfahrt um das Cotentin endet, was die Küste betrifft, in Avranches und, wenn man den Sockel der Halbinsel sucht, im Landesinneren, in der Départementshauptstadt Saint-Lô.

Das inzwischen völlig neu gebaute **Saint-Lô** besitzt noch einige Reste der *Stadtmauern* am Fluß Vire und neben der *Abteikirche von Sainte-Croix* mit *Notre-Dame* das einzige Gebäude der Stadt, das nicht völlig zerstört wurde. Alt und neu sind im wiederhergestellten Gotteshaus somit geradezu schicksalhaft verbunden.

Das Licht fällt durch die Fenster, die von Max Ingrand gestaltet wurden, auf die wundertätige Statue der Notre-Dame-du-Pilier, vor einer modernen Tapisserie der Blumenmalerin Gilberte

Flandrin. Andere Tapisserien, Arbeiten aus dem 16. Jahrhundert von großem Wert, finden sich in einem Museum, das nach der Wiederherstellung im neuen Rathaus untergebracht wurde.

Avranches und das Seinetal

Ähnlich wie Granville liegt **Avranches** auf einem kühn ins Meer vorspringenden Felsen, nur daß die Bucht von Mont Saint-Michel eben einen ganz besonderen Anblick bietet, den man von einem kleinen Park aus genießen kann. An solchen Stätten verändert sich wenig; das Kap, die Stadtmauern, die Fundamente, all dies erzwingt Beständigkeit, und so erblicken wir hier jenen Stein, auf dem der englische König Heinrich II. im Jahr 1172 niederkniete, um für die Ermordung von Thomas Becket Abbitte zu leisten. Das *Erzbischöfliche Palais* hat noch einige Mauern aus der romanischen Epoche, und im *Museum*,

Schädel des Bischofs Aubert in Mont Saint-Michel.

einem ehrwürdigen Gewölbe, verwahrt man die einzigartige Sammlung der Manuskripte vom Mont Saint-Michel mit einer Geschichte des Klosters, die im 10. Jahrhundert begonnen wurde.
Durch das Seinetal führt die alte und neue Hauptstraße der Normandie. Die Seine war, ungeachtet ihrer vielen Windungen, schon in vorrömischen Zeiten Haupthandelsweg für Mitteleuropa, und heute fügt sich die A 13, die Autoroute von Paris in die Normandie, eng in das Tal des Flusses.
Am Pont de Tancarville, von 1955 bis 1959 erbaut und nur gegen Maut zu befahren müssen wir uns entscheiden, ob wir am Nord- oder Süd-

ufer der Seine entlangfahren wollen: Danach kommen noch die Fähren (Bac), die Brücken von Rouen, der ehrwürdige Pont de l'Arche, Les Andelys und Vernon, weit auseinanderliegende Punkte mit der Möglichkeit, den Fluß zu überqueren.
Wir erreichen das kleine **Quillebeuf**, einer der ersten Wikingerstützpunkte an dieser Küste. Von hier ruderten sie mehrmals seineaufwärts bis Paris. Es waren deutsche Grafen und Fürsten wie der Babenberger Heinrich, Arnulf von Kärnten oder Graf Odo von Paris, die sie zurückschlugen und zum Friedensschluß zwangen.
Das Dorf, früher Quilleboeuf geschrieben, hat sich trotz des modernen Schiffahrts- und Ladebetriebs ringsum einen reizvollen Kern bewahrt: Eine *Kirche* aus dem 12. Jahrhundert mit einem schönen, wenn auch unvollendeten Turm und einen *Leuchtturm* in Aussichtslage.
Vier Kilometer stromabwärts von Caudebec erhebt sich am rechten Ufer das weiße *Manoir de Vacquerie*, wohin Victor Hugos älteste Tochter geheiratet hatte. Sie kam 1843 bei einem Bootsunglück ums Leben, was der Dichter nie verwunden hat. In diesem Haus ist heute ein *Victor-Hugo-Museum* eingerichtet.
Stromaufwärts von Caudebec liegt die *Abtei von Saint-Wandrille*, 649 gegründet und nach erhaltenen Resten in der Zeit vom 13. bis zum 16. Jahrhundert im gotischen Stil wieder errichtet. Es ist ein Kloster, das eine lange Geschichte hat. Während die Ruinen besichtigt werden können, ist das wiederhergestellte Kloster in Teilen und nur für männliche Besucher zugänglich. Eine Krypta aus dem 10. Jahrhundert ist nach Ausgrabungen freigelegt worden, eine Madonna aus dem 14. Jahrhundert befindet sich heute in der neuen Abteikirche, die 1969 vollendet wurde.
Während Burgruinen oft wenig ausdrücken, findet man in Frankreich Abteiruinen, bei denen die Teilzerstörung und die Wirkung der Jahrhunderte zu einer ganz besonderen Ästhetik des Verfalls geführt haben. Man hütet sich darum auch, diese anklagend stehengebliebenen Pfeiler und Bogen, Gewölbereste und Fundamente miteinander zu verbinden. Nur ganz diskret wird die Einsturzgefahr verhindert, und so ist auch *Jumièges* bis heute, 1000 Jahre nach Herzog Wilhelm Langschwert, als Denkmal noch zugänglich, erlebbar und in seiner Wirkung wohl einzigartig.
Die Anfänge unter Sankt Philbert, im 7. Jahrhundert, verlieren sich im Reich der Legende; daß ein Kloster an der Seine die Wikingerzeiten nicht überstehen konnte, ist aber sicher: Als die Nor-

Chapelle St-Aubert auf dem Mont Saint-Michel.

mandie Herzogtum wurde, sollen sich zwischen den Ruinen von Jumièges nur wilde Tiere herumgetrieben haben. Erst 1067 begann neues kirchliches und klösterliches Leben, in dessen Mittelpunkt auch hier das Schulwesen stand.
Die große Revolution beendete auch dies, Privateigentümer zogen in die Klosteranlagen ein und ließen die Gebäude ausbessern. Heute kümmert sich der Service des Monuments historiques um die Erhaltung dessen, was geblieben ist. Bis auf eine Kapelle sind alle Gebäude ohne Dach.

Die Ruinen von Château Gaillard

In der nächsten Seineschleife liegt der berühmteste Aussichtspunkt des gesamten Tales, der Burgberg über dem Städtchen Les Andelys mit den Ruinen des *Château Gaillard*.
Bei unserer Seinewanderung sind wir zwei besonderen Königen begegnet, Heinrich IV., dem Liebling der Franzosen, und Richard Löwenherz, den sie in gewissem Sinn adoptiert haben. Er ist eine der Lichtgestalten des Mittelalters, und es ist bemerkenswert, daß er in den Herzen der Franzosen noch vor König Philippe Auguste bewahrt wird, seinem großen Gegner, gegen den er in nur einem Jahr eine der stärksten Festungen der

damaligen Zeit errichten ließ, Château Gaillard. Beim Aufgang zum Schloß genießt man schon während des Steigens immer wieder neue Ausblicke auf die Seine, auf ihre Insellandschaft und den originellen Doppelort **Les Andelys** mit seinen Kirchen und Hausdächern.

Von der ehemaligen Anlage sind die vorgeschobenen Verteidigungsanlagen, zwei Mauerringe, der Donjon und das Grabensystem erhalten geblieben. Einzigartig sind Lage und Blick.

aber die moderne, allzu großzügige Anlage um das *Monet-Haus* von Giverny hat sie inzwischen ausgestochen. Mit der Radikalität, mit der in Frankreich Sehenswürdigkeiten ins Zentrum ganzer Besichtigungsterrains gestellt werden, hat das alte **Giverny** für die Monet-Touristen Platz machen müssen. In dem schlichten Gut lebte Claude Monet von 1883 bis 1926.

Der Sohn des Malers überließ den Besitz 1966 der Académie des Beaux-Arts in Paris, und im Jahr

Die Suisse Normande

Als Suisse Normande, Normannische Schweiz, bezeichnet man seit vielen Jahren und keineswegs nur für die Touristen das Hügelland, das sich zwischen Falaise im Osten und Tinchebray im Westen erstreckt. Im Süden durch den Nationalpark von Domfront und Bagnoles de l'Orne begrenzt, verläuft es im Norden in die Ebene im Süden der Stadt Caen.

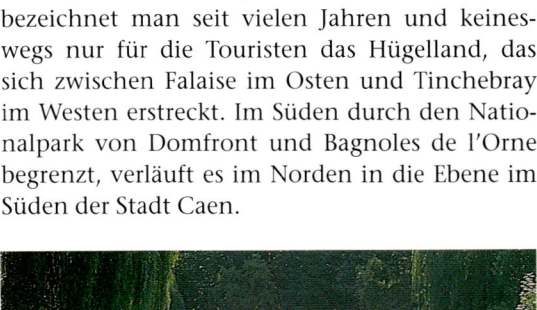

Der Wassergarten bei Claude Monets Haus in Giverny. Hier fand der Meister die Motive für seine Gemälde.

Seerosenteich im Garten des Malers Claude Monet.

Lohnend ist ein Halt beim *Schloß von Bizy* südwestlich von Vernon. Es entstand im 18. Jahrhundert. Seinen italienischen Park hat Charles-Louis-Auguste Fouquet (1684–1761) geschaffen. Damit wollte er ganz Frankreich den Wiederaufstieg seines Hauses vor Augen führen.

Dank umfangreicher Renovierungsarbeiten präsentiert sich das Schloß mit seiner eindrucksvollen Fassade in einem ausgezeichneten Zustand. Mobiliar und Tapisserien stammen teilweise aus anderen Schlössern. Im Park erfreuen uns Bildwerke in italienischem Geschmack, zum Teil funktionieren auch noch die einst berühmten Wasserkünste. Der Regent hatte für die Bauarbeiten Fouquet seinen besten Architekten, Pierre Coutant, zur Verfügung gestellt.

Das Monet-Haus in Giverny

An dem Vernon gegenüber liegenden Nordufer der Seine war für viele Generationen eine romantisch verwahrloste Wassermühle mit Gasthaus Hauptanziehungspunkt: Es gibt sie noch,

1980 wurde die gesamte Anlage mit den Gärten für die Öffentlichkeit zugänglich gemacht.

Die Räume des geschniegelten Hauses sind trotz der behängten Wände leer und kalt; kaum ein Original, nur ungezählte Reproduktionen, dazwischen die Fotografien als dankenswerte Dokumentation und die Überfülle der japanischen Holzschnitte, die im japanischen Wassergarten an der Epte eine Entsprechung finden. Mitten in Frankreich träumte sich Monet in die Ferne; was er malte, war dann aber doch immer wieder sein altes, vertrautes Giverny.

Der einzige menschlich anmutende Raum in dem allzu perfekten Ganzen ist die Küche, die uns in traulichem Blau und altertümlich-behäbig empfängt. Zu ihr paßt der schlichte und ein wenig störrische Genius, der sich hier Blumen, Wasserpflanzen, Federvieh und anderen Wohltaten der Natur widmete und mit Bart und Sonnenhut so manchen Anfechtungen entrann.

Es bleibt zu hoffen, daß die Zeit den Eindruck verbessern wird und die Ranken und Baumkronen sich dem Reglement nicht fügen werden.

Die Bewohner des schnell gewachsenen Caen können auf einer geraden, wenig befahrenen Straße mitten in die Suisse Normande gelangen. Für den Touristen, der in der Normandie vor allem das Meer sucht, ist diese Landschaft allein von historisch-kulturellem Interesse.

Die Ostpforte zur Suisse Normande ist die alte Stadt **Falaise**, ein Phönix aus der Asche. Die Stadt war nämlich Mittelpunkt schwerster Kämpfe, als sich im Sommer 1944 eine deutsche Panzerdivision gegen die von vier Seiten heranrückenden Alliierten mehrere Wochen lang hielt. In der Poche de Falaise (Tasche von Falaise) blieben nur die gigantischen Steinmassen der alten Kirchen einigermaßen erkennbar, dazu das Schloß La Fresnaye aus dem 18. Jahrhundert und die von amerikanischen Bomben und schwerster Artillerie nur unwesentlich erschütterte *Festung Roberts des Prächtigen*, Herzogs der Normandie, in der 1028 Wilhelm der Eroberer geboren wurde.

Burgberg und Burg sind zweifellos Hauptanziehungspunkte auch für Fremde, obwohl der Ausbau zu einer Art Lehrensemble des 11. Jahrhunders noch nicht völlig abgeschlossen ist. Die mächtigen Türme haben allem widerstanden, ebenso die Mauern. Nur das Filigran innerhalb der Befestigungen hat gelitten, wird aber wiederhergestellt, was die Besichtigungen kaum behindert. Eindrucksvoll ist das alte Waschhaus, das bis vor wenigen Jahren tatsächlich noch benutzt wurde. Im 11. Jahrhundert allerdings existierte es in dieser Form noch nicht.

In Falaise ist es heute beinahe zu laut für so alte Geschichten; selbst die auf wunderbare Weise erhalten gebliebenen Kirchen sind vom Verkehr dicht umbraust, und man kann sich ihnen nur halbherzig widmen. Ruhiger liegt im Vorort Saint-Laurent *Notre-Dame-de-Guibray*, die romanische Kirche aus dem 11. Jahrhundert. Sie erinnert an die große Zeit des Marktes auf seinem Plateau in dem heute zu Falaise gehörenden Ort. Im Umkreis der Kirche haben sich alte Gassen erhalten, die in ihren Namen auf das Zunft- und Händlerwesen zu Zeiten der Foire de Guibray erinnern.

Von Falaise bietet sich ein Ausflug nach Argentan an. Von hier kann man zuerst das *Château d'O* (über die D 158 nach Süden) besuchen. Das Schloß mit vielen Türmen zeigt den Übergang von der Gotik zur Renaissance. Pferdeliebhaber gelangen von Argentan über die D 24 zum Gestüt *Haras du Pin* von 1715. Hier werden im Sommer den Besuchern die Pferde präsentiert.

Die D 511 führt von Falaise aus nach Westen und bringt uns mitten in die Suisse Normande, in das winzige Brückendorf **Pont d'Ouilly**.

Es ist sehr hübsch, beinahe idyllisch, und wer in Falaise nicht essen konnte oder wollte, findet hier ein prächtig liegendes Restaurant und zwei Kilometer weiter nördlich, in dem Weiler **Saint-Christophe**, eine Auberge mit dem begehrten Michelin-Vogel, der tiefsten ländlichen Frieden anzeigt. Und rundum warten Dutzende an Ausflugsgelegenheiten auf uns.

Zweifellos ist die Südfahrt nach Bagnoles-de-l'Orne sehr lohnend. Die dabei zu berührenden Punkte zeigen, daß wir uns in einem jener Zauberwälder bewegen, wie sie die Franzosen mit der Familie so gerne aufsuchen.

Wir passieren zuerst den Méandre de Rouvrou: Die Straße dorthin führt erst am rechten Orneufer entlang, quert dann das Flüßchen beim Pont-de-Vers und erreicht schließlich **Rouvrou** mit den interessanten Felspartien.

Der Aussichtspunkt *Roche d'Oëtre* befindet sich einen Kilometer weiter; die Gegend ist hier dicht mit Pinien bestanden, malerisch und schattig.

Da in einer Ausflugslandschaft in Frankreich die Gorges nicht fehlen dürfen, finden wir auch bei der sanften Orne solche Felsendurchbrüche.

Auf der Mitte der Schluchtenstrecke wechseln wir wieder das Ufer in östliche Richtung und gelangen, nun in etwas Distanz zum Fluß, nach Schloß Rabodanges und weiter zu den Ruinen einer Mühle am Fluß, die den Namen Moulin de la Jalousie (Mühle der Eifersucht) trägt. Rabodanges ist kein berühmtes Schloß. Es stammt aus dem

Bagnoles-de-l'Orne liegt in der Suisse Normande. Im Vordergrund die Orne, die durch Bagnoles fließt.

17. Jahrhundert, ist aus Orneschiefer erbaut und liegt in einem bemerkenswerten Park. Nach einer sehr schönen Strecke mit Blick auf den Stausee von Rabodanges ist bei **Putanges** die eigentliche romantische Szenerie zu Ende. Der Ort am Ufer der Orne mit etwa 1000 Einwohnern bietet Übernachtungsmöglichkeiten.

Südlich von Bagnoles-de-l'Orne, einem der größten Kurbäder des westlichen Frankreich, liegt das *Château de Couterne*. Es ist ein ehrwürdiger Bau an stillen Wasserflächen. Die Räume des Schlosses sind ohne Prunk, im gediegenen Geschmack des Empire und der Restauration möbliert. In der Bibliothek stehen die Bände hinter viel Holz und Täfelung verborgen, als sei es heute noch gefährlich, viele Bücher zu besitzen.

Die Festungsstadt Domfront

Ernst sind die Impressionen, die die Festungsstadt **Domfront** bietet. Sie liegt höchst malerisch auf einem Felsensporn über dem Flüßchen Varenne, durch den großen Andaineswald von

Bagnoles getrennt. Auf dem westlichen Ufer befinden sich der Bahnhof und die geglückt wiederaufgebaute romanische Kirche *Notre-Dame-sur-l'eau* (auf dem Wasser).

Ihre schwersten Schäden erlitt sie nicht im Krieg, sondern im vorigen Jahrhundert, als sie von selbst in sich zusammenstürzte.

Mit der Rettung von Notre-Dame hat die Normandie ein sehr altes Gotteshaus wieder, mit dem sich viele Erinnerungen verbinden. Hier las, 100 Jahre nach der Schlacht von Hastings, Thomas Becket eine Weihnachtsmesse.

In der Oberstadt von Domfront entstand schon vor den schweren Zerstörungen im letzten Krieg eine neue Kirche zwischen alten oder restaurierten Häusern. Die *Eglise Saint-Julien* (1924/25 nach Plänen von Guilbert) besitzt im Apsisgewölbe ein interessantes, durch Mosaiken angereichertes Fresko zu dem Thema »Sankt Julian, seine Kirche und Christus« von Auguste-Jean Gaudin.

Auch **Condé-sur-Noireau** hat sehr gelitten, wurde aber in seinen traditionellen Quartieren wieder aufgebaut. Das Landstädtchen wirkt dennoch ein wenig unharmonisch. Als Standquartier ist es aber gut geeignet, ist bei begrenzter Bettenkapazität sehr preisgünstig, und man verliert nicht viel Zeit bei Aus- und Einfahrten, weil von hier viele Straßen ins Land führen.

Das Denkmal auf dem Rathausplatz erinnert an den Seefahrer und Entdecker Dumont d'Urville, der hier geboren wurde. Er hat nach Pazifikfahrten Teile der Antarktis entdeckt und vermessen und nach seiner Frau benannt (Terre d'Adélie).

Die Orne bei Clécy. Der Fluß windet sich in weiten Schleifen um die Stadt.

lassen, sondern allerlei von dem eingerichtet, was den Familienurlaub mit einigen Höhepunkten ausstattet: Es gibt in Clécy Miniaturbahnen, Mini-Museen und eine Spezialsammlung der Werke des Malers Hardy. Im Manoir de Placy hat eine Art *Volkskundemuseum* seinen Sitz, und am Ortsrand bietet ein *Parc des loisirs* (Vergnügungspark) Unterhaltungsmöglichkeiten.

Die Ausflugziele, die rund um Clécy liegen, haben den Vorteil, daß man sie bequem zu Fuß erreichen kann; sie liegen vom Ortskern, von der kleinen Kirche mit dem hübschen alten Kirchturm, nur etwa zwei bis vier Kilometer entfernt und sind gut ausgeschildert: Es sind Felsen, Aussichtspunkte, Flußpartien und das *Schloß de la Pommeraye*, in dessen Park man die Ruinen eines viel älteren Schlosses erblickt. Es heißt oder hieß Château Ganne, und es bietet uns eine perfekte Dornröschendekoration. Zudem, neben einem römischen Grabhügel, ein Stück Römerstraße in der Nähe der Hauptstraße nach Caen. Sie ist meist auf den Höhen dahingeführt, wie die Römer es liebten. Auch die moderne Straße folgt an vielen Teilstücken der alten Trasse der Legionäre. In der Luftlinie zwischen den Schlössern Pontécoulant und Thury-Harcourt liegt, seltsamerweise kaum bekannt, eine originelle Kirche. Ein Blick auf die Karte, aber auch der Eindruck der Landschaft zeigen uns, daß *Saint-Pierre-la-Vieille*, wie das Gotteshaus heißt, im Normandiefeldzug einen Brennpunkt bilden mußte. Daß sich von der Apostelkirche der Turm aus dem 15. Jahrhundert erhalten hat, grenzt fast an ein Wunder. Mit dem Wiederaufbau des Gotteshauses wurde der Pariser Architekt Raymond Amelon beauftragt. Er restaurierte den Turm und fand für das neue Kirchenschiff eine ebenso verblüffende wie glückliche Lösung: Um das vergleichsweise niedrige Gewölbe ausreichend zu erleuchten, wurden Lichtschächte angesetzt, die mit ihrem Licht- und-Schatten-Spiel den Bau von außen und innen beleben. Im Inneren entsteht dadurch der Eindruck einer Halle, niedrig und doch hell, wie sie die Normannen einst in Skandinavien und Grönland gebaut haben. Ein junger Maler schuf Glasfenster, die in ihrer Wirkung den gekonnten Lösungen des Restaurators Max Ingrand in nichts nachstehen. So entstand hier, auf einer der einsamsten Höhen des normannischen Waldgebietes, eine moderne Kirche, die – absichtsvoll oder durch eine unterbewußte Einfühlung – künstlerisch ungemein geglückt an die skandinavischen Traditionen des Landes anknüpft.

Eine alte Kirche hat sich an der Ausfahrt nach Flers erhalten; sie wurde im 12. Jahrhundert dem heiligen Martin geweiht. Die neuen Fenster hat Jacques Lechevallier entworfen, von dem auch Kirchenfenster in Paris, Soissons, Beauvais und Angers stammen. Beim Wiederaufbau der Erlöserkirche *Saint-Sauveur* im Jahr 1961 gelang es, das Äußere weitgehend beizubehalten.

Ein Ausflug von Condé führt zu *Schloß Pontécoulant*, einem am Westhang des Hügellandes unterhalb der Straße liegenden Bau aus dem 16. Jahrhundert, der 200 Jahre später vergrößert wurde. Das Schloß wurde 1908 von der letzten Erbin dem Département geschenkt und nach 1944 wieder restauriert. Obwohl es heute Sitz des *Musée départemental* ist, wirkt es noch immer wie ein Familienbesitz, nicht nur durch die zahlreichen Souvenirs und Dokumente über die einst aus der Schweiz nach Frankreich gekommene Familie, sondern auch durch das, was die großen französischen Familien in so einzigartiger Weise verstehen: Die Vereinigung von Mobiliar und Kunstgegenständen aller Epochen zu einer ganz besonderen Harmonie.

Bei Führungen stellt man fest, daß auch Mobiliar und Bilder aus anderen Beständen hierhergebracht wurden. Louis-quinze-Stühle stehen in einem Speisezimmer mit Louis-seize-Täfelung, die Standuhr stammt zweifellos von einem ländlichen Hersteller, und die Chinoiserien verraten den Geschmack des vorigen Jahrhunderts. Im Schlafzimmer müssen es blaßgraue Stiche mit einer bunten Tapete aufnehmen, und das Baldachinbett ist unbekannter Herkunft, aber originell als Ruhebett konzipiert. Park und Wasserflächen machen das Schloß heute zu einer Sehenswürdigkeit und einem lohnenden Ausflugsziel.

Malerisches Clécy

Das beliebteste Zentrum der Suisse Normande ist und bleibt aber wohl das mit nur 1300 Einwohnern sehr kleine, aber malerische **Clécy**, auf einem Hügel in einer Schleife des Flüßchens Orne gelegen, nur 37 Kilometer von Caen entfernt. Man hat hier zwar nicht viele, aber sehr gepflegte Unterkünfte zur Verfügung, und wer eines der 25 Zimmer des Moulin du Vey mieten kann, in einem Flügel des Manoirs von Placy gelegen, der tut am besten daran, seine Ausflüge auch ins Bocage von hier aus zu unternehmen; angenehmer kann man nämlich nicht wohnen.

Natürlich haben sich die Stadtväter von Clécy nicht allein auf die Lage und die Umgebung ver-

Die Täler von Risle und Charentonne

Das lange, bis an den Südrand der Normandie reichende Risletal beginnt im heutigen Naturschutzpark von Brotonne; dort trifft der Fluß auf die Schiffahrtsstraße des Chenal de Rouen.

Haus im Parc Régional Natural Normandie-Maine.

Die erste Stadt, die an der Risle liegt, ist das lebhafte **Pont-Audemer**. Hier treffen vier Landstraßen vom südlichen Risleufer aufeinander, hier wird das Flüßchen von der Straße überquert, die den Schwerverkehr zum großen Fluß der Normandie leitet, zur Seine, und weiter zum Pont de Tancarville. Eine Brückenstadt also für andere Brücken, eine Stadt, deren Häuserzeilen sich an schmalen Wasserläufen aufbauen und die in gewissem Sinn am Rand des Festlandes liegt, denn nördlich von Pont-Audemer beginnt, den Park von Brotonne im Westen begrenzend, der riesige Marais Vernier, von Entwässerungssystemen durchzogen. Es ist ein Gebiet, halb Land, halb Wasser oder auch eine Landschaft: Halb Sumpf, halb ausgezeichnetes Weideland.

Die *Eglise Saint-Ouen* stammt aus dem 11. Jahrhundert und zeugt von der alten Bedeutung der Brückenstadt Pont-Audemer als Knotenpunkt. Allerdings ist der Chor des Gotteshauses eng und niedrig und mit der Großzügigkeit anderer normannischer Kirchenbauten nicht zu vergleichen. Die Fenster stammen aus der Renaissance, im Chor hat Max Ingrand moderne Fenster geschaffen (wie auch in einigen der vielen Kapellen).

Es lohnt sich auch, in dem Städtchen spazierenzugehen, denn viele seiner Häuser stammen aus dem 18., zum Teil auch aus früheren Jahrhunderten. Daß viele der Bürger hier wohlhabend gewesen sind, zeigen uns die vielen hübschen Landhäuser an der Risle, an denen wir in Richtung auf die *Pointe de la Roque*, den Aussichtspunkt über der Seinemündung, vorbeifahren.

Mit dem Namen des am Nordufer der Risle liegenden **Corneville** hat es seine ganz eigene Bewandtnis. Weil der Name Corneville-sur-Risle den Einwohnern des Ortes nicht mehr gut genug war, wollten sie, nachdem Robert Planquette (1848–1903) mit seiner erfolgreichen komischen Oper »Die Glocken von Corneville« das Dorf in ganz Frankreich bekannt gemacht hatte, daß man ihren Ort daraufhin Corneville-les-Cloches nennt ... In Anspielung auf die Oper ertönt nun jeden Nachmittag auf dem Hôtel des Cloches ein kunstvolles Glockenspiel.

Zum Klosterort Le Bec-Hellouin

Wenn wir Corneville verlassen, trennen uns nur noch wenige Kilometer von **Le Bec-Hellouin**, dem Klosterort ehrwürdigen Angedenkens, der die Fremden in das stille Tal des Flusses Risle lockt, unter ihnen vor allem Engländer.

Der Ort ist sehr gepflegt, ein ruhiges Ensemble von alten Bauwerken, vereinzelten Ruinen und den neuen Abteigebäuden (seit 1948 leben hier wieder Benediktinermönche), die, neben dem Erbe aus dem Mittelalter triste wie Gefängnisbauten wirken. Erhalten geblieben ist vom Kloster, das im 11. Jahrhundert entstand, nur der massige Glockenturm Saint-Nicolas, von dessen Balustrade man weit in die Umgebung schauen kann.

Eine englische Gedenktafel an der Tour Saint-Nicolas enthüllt den Grund für das Interesse der Briten an dem Dorf an der Risle: Die Tafel listet die Namen aller Bischöfe und Äbte aus Canterbury und Bec-Hellouin auf, eine lange Reihe, die erst mit dem Jahr 1161 endete, beinahe 100 Jahre nach der Eroberung.

Die Kunstwerke aus der berühmten alten Abtei sind heute verstreut. Der in England gefertigte Alabasteraltar steht in dem Dorf Ecaquelon. Er stammt aus Nottingham und ist der einzige vollständig erhaltene, der sich auch an einem ihm zukommenden Platz befindet.

In der *Pfarrkirche* sind zwei große Skulpturengruppen aus der alten Abtei untergebracht, eine Auferstehung und eine Dreifaltigkeit, beide sind im 15. Jahrhundert entstanden. Eine kunstvolle Emailarbeit auf der Tabernakeltür stellt die heili-

Der Glockenturm St-Nicolas in Le Bec-Hellouin.

gen Frauen mit dem Leichnam Christi dar; sie befand sich ursprünglich ebenfalls in der alten Abtei. Eine Statue der Gottesmutter mit dem Kind von einem unbekannten Meister aus dem 14. Jahrhundert wird von der Bevölkerung von jeher für ein Standbild der heiligen Radegundis (Radegonde) gehalten. Radegundis war, wenn man so will, eine Deutsche, ihr Vater herrschte in Thüringen, und sie wurde als Geisel ins Frankenreich verschleppt. Im Jahr 536 zwang man sie, als Achtzehnjährige König Chlothar I. zu heiraten. Doch es gelang ihr, 550 zu entfliehen, und sie gründete später ein Frauenkloster bei Poitiers.

Richtig schön und still wird das Risletal aber erst, wenn man die berühmte Abtei hinter sich hat. Wir passieren **Brionne**, eine nette Kleinstadt, die als eine der billigsten Frankreichs gilt und deshalb zu einem Pensionistenparadies geworden ist. In der *Kirche* von Brionne befindet sich ein Altar aus dem 14. Jahrhundert und zwei Statuen, die früher in der alten Abtei von Le Bec-Hellouin gestanden haben.

Es gibt auch einen kernigen *Donjon*, unverbaut und rein in seinen altnormannischen Linien, und dazu auf den Höhen ringsum alte Klöster, Burgen und Kapellen, die das Risletal als eine der Hauptadern frühchristlicher Kultur in diesem

Germanenland ausweisen. In diesem Freilichtmuseum scheint ganz Frankreich zusammenzuwirken: Die Académie d'Agriculture unterhält schon seit über 150 Jahren das Schloß Harcourt und hat in seiner Nachbarschaft einen Garten mit zahlreichen exotischen Gewächsen entstehen lassen, das sogenannte *Arboretum*.

Die kleine *Chapelle Saint-Eloi*, gegenüber von Nassandre auf dem linken Risleufer gelegen, erinnert an die Priorei, eine der seltsamen und wie zufällig wirkenden Begegnungsstätten des 19. Jahrhunderts, deren kaum noch bewohnbaren Reste der Historiker Charles Lenormant erwarb. Trotz seiner zahlreichen Ämter und der Lehrverpflichtung verstand es der Gelehrte, in der Abtei einen Musenhof am Leben zu erhalten, den Chateaubriand und Alexis de Tocqueville gern besuchten. Man sollte noch weiter im Haupttal bleiben bis **La Ferrière-sur-Risle**, einem reizenden Dorf mit alten Häusern und einer der malerischen *Markthallen*, wie man sie noch an verschiedenen normannischen Orten findet.

Von dort ist dann allerdings das Seitental der Charentonne reizvoller: Schon auf der Querfahrt passieren wir *Schloß Beaumesnil*, in seinem Prachtbarock trotz des französischen Parks eher süddeutsch als französisch wirkend. Es ist heute im Besitz der frankophilen Familie Fürstenberg, die dort eine berühmte Bibliothek mit zahlreichen Inkunabeln unterbrachte, als die Wiederherstellungsarbeiten um 1973 beendet waren.

Bernay im Charentonnetal

Nach 13 Kilometern öffnet sich das Charentonnetal nach Norden und Süden mit **Bernay**. Heiter und lebhaft bietet uns das Städtchen seine Sehenswürdigkeiten. Gleich auf dem Hauptplatz die Reste einer alten Abtei auf den Fundamenten einer Gründung aus dem 11. Jahrhundert und die romanische *Ancienne Eglise Abbatiale* aus jener Zeit. Etwas weiter nördlich liegt die *Eglise Sainte-Croix* aus dem 14. bis 16. Jahrhundert mit Grabsteinen einiger Äbte von Le Bec-Hellouin.

Bernay, bereits im Mittelalter ein stark besuchter Markt, wo berühmte Stoffe hergestellt wurden, besitzt noch eine dritte Kirche, die als Pilgerziel zur Basilika erhoben wurde: *Notre-Dame-de-la-Couture* am Südrand der Stadt. Wie so manche andere Wallfahrtskirche, ist auch Notre-Dame im Inneren ein wahres Wunderwerk der Täfelung und der Verkleidungen. Der Außenanblick der gewaltigen Mauern in schwarz-weißem Schachbrettmuster ist eher bizarr als erhebend. In ihren Grundmauern stammt die Basilika aus dem 14. und 15. Jahrhundert, und sie hat ihren großen Tag in jedem Jahr am Pfingstmontag, wenn die Confréries de la Charité, Bruderschaften mit großer Tradition und entsprechendem Kostümfundus, sich an der Prozession beteiligen. Die Stadt ist heute ein Zentrum normannischer Viehzucht und eine blühende Landstadt. An ihre große Zeit im Mittelalter erinnert nur ihr Reichtum an Kunstwerken. Die etwa 40 Kapitelle, die sich in der Ancienne Eglise Abbatiale erhalten haben, entstanden um 1020 und gelten damit als die ältesten Beispiele normannischer Bildhauerkunst in Frankreich. In ihrer beinahe klassizistischen Ausformung lassen sie aber erkennen, daß noch frühere Beispiele vorhanden gewesen sein müssen. Auch die *Eglise Sainte-Croix* versammelt bedeutende alte Bildnerei mit zwölf Statuen aus der Werkstatt von Claus Sluter, dessen Meisterwerke wir in Burgund bewundern können.

Durch das Charentonnetal gelangen wir noch zum *Schloß Broglie*, einem der größten französischen Schlösser, und nach Montreuil l'Argillé, ehe wir an der Wasserscheide der Risle die Fahrt mit der Kathedrale von Sées abschließen.

Sées und seine Kathedrale

Die N 138 verläuft zwischen Bernay, Montreuil und bis nach Saint-Evroult beinahe schnurgerade durch eine Landschaft, der manche ihre kompromißlose Langeweile bescheinigen, während andere ihre großartige Ödnis rühmen. Das ist vielleicht die richtige Vorbereitung, um eine der schönsten französischen Kirchen, die *Kathedrale von Sées*, kennenzulernen. Im 13. und 14. Jahrhundert errichtet, gilt sie als eines der vollkommensten Beispiele normannischer Gotik, zudem konnten sich bis heute ihre alten Fenster und ihr reicher Innenschmuck erhalten.

Die Fenster sind durch ihre Inschriften und die bildlichen Anspielungen auf das Entstehungsjahrzehnt 1270 bis 1280 datierbar, die Halbreliefs vom Haupttor sind ebenfalls gegen Ende des 13. Jahrhunderts entstanden. Die Reliefs des Hauptaltars stammen wie auch ein Marmor-Christus aus dem 18. Jahrhundert.

Das große Gotteshaus ist mit seinen vielen Kapellen, deren jede ihre eigene Legende hat, wie eine kleine Stadt. Und wer sich bemüht, sie zu verstehen, für den ist die Kathedrale unendlich reich an bildlichen und steinernen Mitteilungen.

Während der Saison findet an jedem Freitag- und Samstagabend in und vor der Kathedrale eine besondere Veranstaltung statt – ein sogenanntes Spectacle Son et Lumière. Die Franzosen halten dies für das Nonplusultra an Kulturarbeit.

Sées selbst, es liegt 115 Kilometer vom Meer entfernt und ist als Bischofssitz schon seit Jahrhunderten berühmt, hat eine bemerkenswerte Lage an einer uralten Händlerroute. Schon im zweiten vorchristlichen Jahrtausend war die Stadt ein Rast- und Umschlagplatz. Seit dem 4. Jahrhundert Bischofssitz, hat sich Sées das heute prächtig vor uns stehende *Erzbischöfliche Palais* von 1778 wahrhaft verdient. Die Stadt besitzt aber auch hübsche alte Häuser wie beispielsweise das schöne Stadthotel aus der Renaissance, das wir in der Rue Charles-Forget finden.

Die Stadt Sées bestand früher aus einem geistlichen Teil, Bourg-l'Evêque genannt, und einem weltlichen, dem Bourg-le-Comte, der ebenfalls mit einer Kirche ausgestattet war. Um diese *Eglise Saint-Pierre* hat man auf dem Terrain eines uralten Friedhofs mit Kreuzen aus Granit einen kleinen Park angelegt. Wenn der herrliche Wandelgang der Kathedrale von den Gruppen und ihren Führern lärmend erfüllt ist, dann findet man in diesem Park das alte Sées wieder.

Das *Département-Museum* für religiöse Kunst in der Nähe der Kathedrale lädt zum Besuch ein. Es gibt Einblicke in die Konstruktion des Gotteshauses, das auf dem nachgiebigen Boden des obersten Laufs der Orne errichtet wurde.

Da das Wunderwerk von Sées die vielen Kriege in der Normandie unbeschadet überstanden hat, bleibt zu hoffen, daß es nicht eines Tages unversehens einfach in den Untergrund absackt.

Die wildromantische Kreideküste bei Etretat mit ihren riesigen Felsentoren verändert ihr Aussehen mit dem Wechsel des Lichtes. Hier ist die Falaise d'Aval mit der im Wasser stehenden Felsspitze zu sehen.

Register

Bildnachweis
Jörg Modrow, Hamburg:
Seite 127 oben, 132, 134 links, 135 links

Die Karte auf Seite 120 zeichnete Astrid Fischer-Leitl, München.

Impressum
Herstellung: Kristina Kaiser
Lektorat: Christa Klus, Susanne Reichert
Bildgestaltung: Joachim Hellmuth
Layout: H. Leonhard Guha
Reproduktionen: Repro Ludwig, A-Zell am See
Druck und Bindung: Mohndruck, Gütersloh

© 1995 Südwest Verlag GmbH & Co. KG, München
Alle Rechte vorbehalten.
Printed in Germany
ISBN 3-517-01526-1